Lese- und Arbeitshefte für den Musikunterricht
in der Sekundarstufe I

Heinz Meyer

Begegnung mit JOHANN SEBASTIAN BACH

VERLAG MORITZ DIESTERWEG
Frankfurt am Main

Inhalt

Zu diesem Heft ist eine Cassette mit Hörbeispielen lieferbar (Diesterweg 8204).

ISBN 3-425-03804-4

Abbildungsnachweis:
Archiv für Kunst und Geschichte, Berlin: S. 11 (2), 14, 16, 49 (2), 53; Bildarchiv Preussischer Kulturbesitz, Berlin: S. 19; Museum für Geschichte der Stadt Leipzig: S. 3; aus: W. Breckoff u. a., Musik aktuell, 1971, Bärenreiter-Verlag, Kassel: S. 33; aus: Große Komponisten und ihre Musik, 26, Marshall Cavendish Int. Ltd., Hamburg, 1983: S. 34; aus: B. Gehrts, Von der Romantik bis Picasso, 1968, Arena-Verlag, Würzburg: S. 53 (2); aus: K. Geiringer, Johann Sebastian Bach, C. H. Beck Verlag, München, 1971: S. 7; aus: E. Valentin, Handbuch der Musikinstrumentenkunde, 1974, Gustav Bosse Verlag, Regensburg: S. 10.

Umschlaggestaltung: Atelier Krist/Böttcher, Frankfurt am Main
Satz: Fotosatz Otto Gutfreund, Darmstadt
Noten: Notenstich Darmstadt, Eschollbrücken
Reproduktion: Witzemann & Schmidt, Wiesbaden
Druck und Verarbeitung: Druckerei Schwenk, Frankfurt am Main

JOHANN SEBASTIAN BACH

* 21.3.1685 in Eisenach
† 28.7.1750 in Leipzig

Johann Sebastian Bach (Ölgemälde von Elias Gottlob Haussmann, 1748)

AUS SEINEM LEBEN

Dieb in der Nacht

In Ohrdruf, einer verträumten thüringischen Kleinstadt, gehen die Leute früh ins Bett. Eine Stunde nach Sonnenuntergang regt sich hier nichts mehr. Nur im Haus des Organisten *Johann Christoph Bach* geschehen neuerdings zu nächtlicher Stunde merkwürdige Dinge. Während der Hausherr und seine Frau fest schlafen, schleicht aus dem Nebenzimmer einer der beiden jungen Gäste, die sich hier einquartiert haben. Vorsichtig tastet er sich die enge Holztreppe hinunter, huscht lautlos über den Flur und verschwindet im Wohnzimmer. Der Vollmond spendet gerade genügend Licht für sein diebisches Vorhaben. Geld und Schmuck gibt es hier nicht zu finden, aber danach sucht er auch nicht. Ihn interessiert etwas ganz anderes. Dort hinten in dem Gitterschrank werden geheimgehaltene Dokumente aufbewahrt, an die er unbedingt herankommen muß – ohne Nachschlüssel, ohne Einbruchswerkzeuge und vor allem ohne Lärm.

Zum Glück stehen die Gitterstäbe gerade weit genug auseinander, daß er mit seinen schmalen Händen hindurchfassen und die Papiere herausangeln kann. Behalten darf er sie freilich nicht; der Diebstahl würde schon am nächsten Morgen auffliegen. Es gibt nur eine Möglichkeit, in den Besitz dieser Schriftstücke zu kommen: Abschreiben, Seite für Seite! James Bond hätte sie im Handumdrehen mit seiner Kleinbildkamera fotografiert; aber damals, vor dreihundert Jahren, gab es so etwas noch nicht, keinen James Bond und keine Kamera.

Lesen und Schreiben bei Mondlicht – das ist eine anstrengende Arbeit; es verdirbt die Augen. Unseren Spion kümmert das nicht. Er schreibt und schreibt und schreibt. Wie viele Nächte hat er hier schon so zugebracht, voller Angst vor dem Entdecktwerden! Heute wird es das letztemal sein. Nur noch zwei Seiten, dann ist er fertig. Doch ausgerechnet in diesem Augenblick, als der Erfolg zum Greifen nahe ist, passiert ihm ein Mißgeschick. Vor lauter Aufregung – oder war es Übermüdung? – stößt er einen Stuhl um. Der Hausherr wacht von dem Geräusch auf. – Aus! Alles umsonst! Es gibt kein Entrinnen.

Eine Krimiszene? Nein, eine Begebenheit, die sich so oder so ähnlich tatsächlich abgespielt hat. Der Dieb ist ganze zehn Jahre alt und heißt – *Johann Sebastian Bach.* Seit ein paar Monaten wohnt er hier in Ohrdruf bei seinem vierzehn Jahre älteren Bruder, dem Organisten Johann Christoph Bach. Er fühlt sich immer noch fremd, hat Heimweh nach Eisenach, wo er geboren ist und wo seine Schulfreunde leben. Aber dorthin kann er nicht zurück. Die Eltern sind kurz nacheinander gestorben; zuerst die Mutter, dann der Vater. Da muß er dem Schicksal noch dankbar sein, daß der große Bruder bereits eine feste Anstellung hat und die beiden Jüngsten, Jakob und Sebastian, bei sich aufnimmt.

Johann Christoph lebt bei seinem bescheidenen Organistengehalt wahrhaftig nicht im Überfluß; aber er ist ein guter und gewissenhafter Ersatzvater. Er sorgt nicht nur für

das leibliche Wohl, sondern auch dafür, daß die „Kleinen“ das Gymnasium besuchen und eine gründliche musikalische Ausbildung bekommen. Den Klavier- und Orgelunterricht übernimmt er natürlich selbst; denn soviel steht fest: Musiker sollen sie werden, wie es in der Familie Bach seit Generationen üblich ist.
Und damit sind wir bei der Aufklärung des mißglückten Diebstahls. Sebastian, der Jüngste und Begabteste, macht so schnelle Fortschritte, daß der ältere Bruder es für ratsam hält, seinen Lerneifer und seine Neugier ein wenig zu bremsen. Es gefällt ihm nicht, daß der Junge so oft in den Noten herumstöbert, die er, Christoph, für sich selbst aufgeschrieben hat. (Gedruckte Noten waren damals noch selten.) Deshalb schließt er sie in den Gitterschrank ein. Aber was ist schon ein Gitterschrank gegen den Musikhunger eines Johann Sebastian Bach!

Johann Sebastian Bach wurde am 21. 3. 1685 in **Eisenach** geboren. Nach dem frühen Tod seiner Eltern lebte er fünf Jahre bei seinem älteren Bruder in **Ohrdruf.** Beide Städte liegen in der heutigen DDR, am Rande des Thüringer Waldes. Bach ist seiner sächsisch-thüringischen Heimat stets treu geblieben. (Vgl. Kartenskizze S. 17.)

Was erlauben Sie sich, Herr Bach

Wir machen einen Sprung von etwa acht Jahren. Sebastian ist jetzt achtzehn und kann seine erste Anstellung feiern: als Organist in *Arnstadt* – ebenfalls in Thüringen gelegen. Er verdient nicht schlecht; besser jedenfalls als sein Bruder in Ohrdruf.

Ach ja, der Christoph. Wie lange hatten die beiden sich schon nicht mehr gesehen? Drei Jahre müßten es sein. So lange war er, Sebastian, nämlich in einem Internat in *Lüneburg* gewesen, über dreihundert Kilometer von seiner Heimat entfernt. Weil er Vollwaise und ein guter Sänger war, hatte er dort einen Freiplatz bekommen und das Gymnasium zu Ende besuchen können, hatte bei einem berühmten Organisten, Georg Böhm, Unterricht erhalten, war in den Ferien nach Hamburg und Celle gepilgert, um die Musik anderer großer Meister zu studieren, kurz: er hatte alles gelernt, was es für einen angehenden Musiker zu lernen gab. Jetzt mußte er sich bewähren.

Die Bewerbung um das Arnstädter Organistenamt hatte auf Anhieb Erfolg. Sein Probespiel machte auf die Jury einen so überwältigenden Eindruck, daß die anderen Bewerber gar nicht mehr angehört wurden. Bach hätte sich auf seinen Lorbeeren ausruhen können. Jedoch sein Lernhunger war noch lange nicht gestillt. Vor allem war da ein Organist namens *Dietrich Buxtehude* in *Lübeck,* von dessen „Abendmusiken“ in der Marienkirche man überall schwärmte. Aber Lübeck lag vierhundert Kilometer von Arnstadt entfernt. Wie sollte er dort hinkommen?
Zwei Jahre versieht er in Arnstadt treu und brav seinen Dienst, läßt sich nichts zuschulden kommen, leitet sogar noch den Schul- und Kirchenchor, wozu er eigentlich gar nicht verpflichtet ist – dann faßt er sich ein Herz und bittet um Urlaub.

„Wie lange?“ will der Pfarrer wissen.
»Wenn's geht, vier Wochen«, antwortet Bach.
Nun gut, man war mit ihm zufrieden, er hat seine Pflichten pünktlich und gewissenhaft erfüllt... Vier Wochen werden ihm gewährt. Aber nicht mehr!
Ende Oktober des Jahres 1705 macht er sich auf den Weg. Zu Fuß! Jeden Tag marschiert er vierzig bis fünfzig Kilometer – trotz Wind und Regen. Die Strapazen sind bald vergessen, als er am Ziel ist. Von den Lübecker Konzerten und von Buxtehudes Orgelspiel ist er so begeistert, daß er gar nicht genug davon bekommen kann. Keine Gelegenheit läßt er aus, um dem greisen Meister auf die Finger und in die Noten zu sehen. Natürlich gibt er auch selbst Proben seines Könnens und seiner schnellen Auffassungsgabe. Er singt und spielt mit, wo es nur geht. Buxtehude merkt sofort, was für außerordentliche Talente dieser junge Mann hat. Und Sebastian ist zum erstenmal glücklich. Hier, umgeben von erstklassiger Musik und erstklassigen Musikern, fühlt er sich wohl. Die Zeit vergeht wie im Fluge.
Vier Wochen sind längst um, und Bach ist immer noch in Lübeck. Er findet nicht einmal Zeit, einen Brief an das Pfarramt in Arnstadt zu schreiben. Großer Gott, wird das eine Strafpredigt geben. Es klingt ihm jetzt schon in den Ohren: „Was erlauben Sie sich, Herr Bach!!!“ Vielleicht entläßt man ihn sogar?! Na, wenn schon! Dann soll es sich wenigstens gelohnt haben. Er hängt noch mal zwei Wochen dran – fürs erste. Von da ab hört er auf, die Tage zu zählen. Als er wieder in Arnstadt auftaucht, hat er seinen Urlaub um das Dreifache überschritten. Vier *Wochen* sollten es ursprünglich sein, vier *Monate* sind es geworden. Das Donnerwetter ist unvermeidbar. Aber der junge, selbstbewußt gewordene Musiker macht sich nichts draus. Im Gegenteil: Er provoziert die Leute sogar noch mit einer ganz neuen Art des Orgelspiels. So hatten die Arnstädter ihre Orgel noch nie dröhnen und rauschen hören. Nach dem Gottesdienst stecken sie die Köpfe zusammen und beschweren sich beim Pfarrer: Wie ein Wilder habe der junge Organist heute wieder fantasiert; und die Kirchenlieder habe er so verhunzt, daß man gar nicht dazu habe singen können. Das sei doch nicht schön und nicht gottgefällig!
Zu den Werken, die Bach damals spielte, gehört wahrscheinlich auch die berühmte d-Moll-Tokkata, die heute wohl das populärste Orgelwerk überhaupt ist.
(Genaueres darüber S. 35 f.)

Hörbeispiel: Tokkata d-Moll (ohne Fuge)

- Von diesem Werk gibt es viele Popfassungen. Vergleicht eine davon mit dem Original. Welche empfindet ihr als dramatischer, erregender?

Bach weiß natürlich, daß er sich mit solcher Musik, die gar nicht recht zu der Würde eines Gottesdienstes zu passen scheint, nur neuen Ärger einhandelt. Egal! Er hat von Arnstadt sowieso die Nase voll. Verglichen mit Lübeck und Hamburg (wo er auf dem Rückweg auch mal wieder kurz vorbeigeschaut hat) kommt es ihm hier jetzt vor wie in einem kleinen, spießigen Provinznest. Manchmal fragt er sich, warum er überhaupt zurückgekommen ist. Er hätte doch in Lübeck bleiben können. Der alte Buxtehude

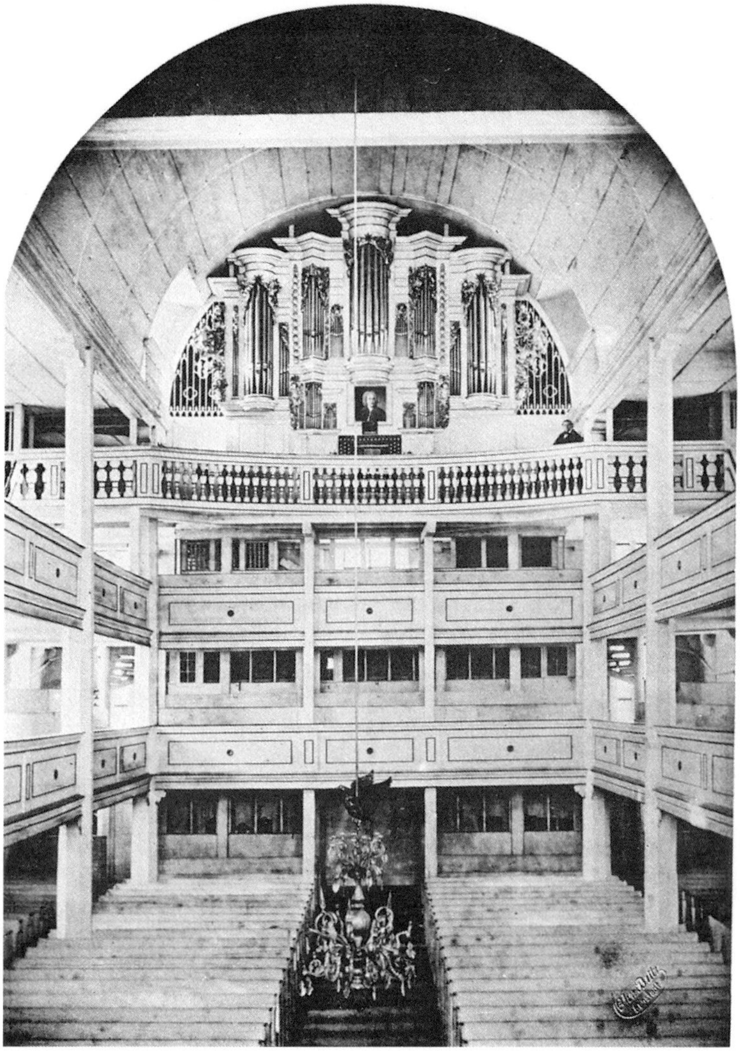

Inneres der Bachkirche in Arnstadt (vor dem Umbau)

hätte ihn gern zu seinem Nachfolger gemacht. Was für ein Angebot! Organist an der Marienkirche mit der wunderbaren großen Orgel und mit einem schönen Gehalt! Leider hatte die Geschichte einen Haken. Er hätte nämlich Buxtehudes Tochter heiraten müssen. Und die war ihm zu alt und zu häßlich. Nein, sein Herz gehörte *Maria Barbara* – das war ihm jetzt endgültig klar. Um ihre Hand anzuhalten, *deshalb* war er zurückgekommen.

Maria Barbara brauchte bei der Heirat nicht einmal ihren Namen zu ändern. Sie hieß mit Nachnamen nämlich auch Bach und war sogar um sieben Ecken herum mit Sebastian verwandt. Die Hochzeit wurde allerdings nicht mehr in Arnstadt gefeiert. Bach hatte bereits eine neue Stelle – in *Mühlhausen*.

Das kann man mit mir nicht machen

Mühlhausen ist nur eine Durchgangsstation für Sebastian. Seine Zukunft stellt er sich anders vor. Schon lange hat er ein Auge auf das schmucke Städtchen *Weimar* geworfen. Und als dort eine Stelle frei wird, greift er sofort zu.
Mit 23 wird er dort *Hoforganist,* spielt auch verschiedene Instrumente in der Hofkapelle, steigt später sogar zum *Hofkapellmeister* auf und ist somit einer der ranghöchsten Musiker. Nur der erste und zweite Kapellmeister stehen noch über ihm. Aber was macht das schon. In Weimar weiß ohnehin jeder, daß *er,* Johann Sebastian Bach, der eigentliche Mittelpunkt des Musiklebens ist. Als grandiosen Orgelspieler kennt man ihn bald in ganz Sachsen und Thüringen und darüber hinaus.
Sein Dienstherr, der Herzog, beobachtet die Entwicklung des ehrgeizigen jungen Mannes mit großem Wohlwollen, ja sogar mit Stolz. Dementsprechend ist auch die Besoldung: nicht gerade üppig, aber besser als an den meisten anderen Fürstenhöfen. Bach hat also allen Grund, zufrieden zu sein. Doch dann, nach neunjähriger Dienstzeit, passiert etwas, womit er nicht gerechnet hat.

Weimar, 1717. Nächstes Jahr kann Bach ein Jubiläum feiern: 10 Jahre im Dienst des Herzogs. Aber wie es aussieht, wird daraus wohl nichts werden. Bach ist nämlich wütend. Maria Barbara, seine Frau, merkt es sofort, als er nach Hause kommt: wie er die Türen knallt, wie er seine Perücke in die Ecke wirft, wie er im Wohnzimmer auf und ab geht, wie er jetzt dasitzt in seinem Lehnstuhl, mit verkniffenem Gesicht und der Zornesfalte zwischen den Augen...
„Was ist los, Sebastian?" fragt sie vorsichtig.
Bach antwortet nicht. Er muß sich erst etwas beruhigen, nachdenken, die Augen schließen... Wie gut hatte doch alles angefangen – damals, vor neun Jahren. Seine Bekannten und Verwandten beneideten ihn um diese Stelle; seinetwegen hatte man die Orgel in der Weimarer Schloßkirche umbauen lassen, für viel Geld; wenn er anderswo Konzerte geben wollte, bekam er anstandslos Urlaub; der Herzog schätzte und bewunderte ihn. Alles schien in Ordnung... und jetzt dies!
„Nein, das kann man mit mir nicht machen", murmelt er vor sich hin.
„Was kann man mit dir nicht machen?" hakt Barbara nach. „Komm, nun red' schon."
„Hör zu. Du weißt doch, daß unser Kapellmeister, der alte Drese, kürzlich gestorben ist."
„Ja, und?"
„Und? Was glaubst du, wer sein Nachfolger wird?"
„Keine Ahnung."
„Rate mal."
„Hm – kann ich nicht raten."
„Dann sag' ich's dir: sein Sohn, der junge Drese!!! Dieser Stümper, dieser Gernegroß, dieser... ach, ich weiß nicht was! Daß man lieber den berühmten Telemann genommen hätte als mich, verstehe ich ja noch; aber diesen Drese! Nein!"
Maria Barbara schweigt.
„Das wundert dich wohl gar nicht, was?"

„Nein, Sebastian, ich habe es geahnt."
„So! Und das sagst du so einfach! Bin ich vielleicht nicht gut genug für diesen Posten?"
„O doch, Sebastian. Jeder weiß, daß es weit und breit keinen Besseren gibt als dich. Daran liegt's gewiß nicht."
„Sondern woran?"
„Du hast dich beim Herzog unbeliebt gemacht, hast seine Anordnungen mißachtet. Jetzt bekommst du die Quittung."
„Welche Anordnungen?"
„Hast du die Geschichte mit dem Prinzen vergessen?"
Bach runzelt die Stirn. Richtig, der Prinz! Der Neffe des Herzogs – ein sehr musikalischer, begabter junger Mann, Bachs Lieblingsschüler. Sebastian verstand sich gut mit ihm; der Herzog indessen konnte ihn nicht leiden und verbot seinen Musikern jeglichen Kontakt mit dem Prinzen. Bach aber kümmerte sich nicht um dieses Verbot.
„Ich lasse mir von niemandem vorschreiben, mit wem ich verkehren darf, auch nicht vom Herzog."
„Ist ja gut, Sebastian. Aber dann darfst du dich auch nicht wundern, wenn der Herzog sich nicht vorschreiben läßt, wen er zum Kapellmeister zu ernennen hat."
„Meintwegen. Dann gehe ich eben."
„Wohin denn?"
„Wirst schon sehen. Ich kenne da jemand, der vor Freude in die Luft springen würde, wenn ich käme."
Bach übertrieb nicht. Er hatte tatsächlich ein fürstliches Angebot in der Tasche und war jetzt fest entschlossen, es anzunehmen. Aber der Herzog wollte ihn nicht gehen lassen. Er wußte natürlich genau, was er an Bach hatte, und berief sich auf den Anstellungsvertrag, der nur mit Zustimmung des Dienstherrn gelöst werden konnte. Bach wurde bockig, machte nur noch „Dienst nach Vorschrift", komponierte nicht mehr, trug immer wieder seine Forderung nach Entlassung vor und zeigte bei jeder Gelegenheit, daß er keine Lust mehr hatte. Schließlich wurde es dem Herzog zu bunt. Er ließ den unbotmäßigen Musiker, der ihm neun Jahre treu gedient hatte, ohne langes Verhör einsperren. Vier Wochen saß Bach im Gefängnis. Dann allerdings ließ der Herzog ihn ziehen. Denn auf Dauer hätte er ihn doch nicht halten können. Und was hat man schon von einem Musiker, der nur widerwillig seine Arbeit verrichtet?
Übrigens: Langweilig ist es Bach im Gefängnis nicht geworden. Unermüdlich arbeitete er an einem Werk, das den bescheidenen Titel *Orgelbüchlein* trägt und das heute jeder Organist kennt. Auf dem Titelblatt steht:

Dem höchsten Gott allein zu Ehren,
dem Nächsten, draus sich zu belehren.

(Wer Bachs neuer Dienstherr wurde, erfahrt ihr auf S. 12.)

Wer ist der Größte?

Als Bach Weimar verließ, gab es in Deutschland keinen, der ihm auf der Orgel oder auf dem Cembalo ebenbürtig gewesen wäre. Aber in *Paris* lebte ein königlicher Hoforganist, von dem man sich wahre Wunderdinge erzählte. Sein Name, *Jean Louis Marchand,* wäre heute fast vergessen, wenn es da nicht ein merkwürdiges Ereignis gegeben hätte.

Marchand war zweifellos ein großartiger Cembalo- und Orgelspieler. Mit seinen Konzerten hatte er überall sensationelle Erfolge – nicht nur in Frankreich, sondern auch in Deutschland. Aber dieser Marchand war auch sehr von sich überzeugt; manche sagen sogar, er sei eitel und arrogant gewesen.

Zufällig war Bach gerade zu Besuch in Dresden, als dort im Jahre 1717 am Hof des sächsischen Königs der berühmte Marchand auftrat – wie immer mit großem Erfolg. Am liebsten hätte der König ihn gleich dabehalten. Natürlich sprach es sich bald herum, daß auch Bach in der Stadt sei. Der größte deutsche und der größte französische Tastenvirtuose gleichzeitig in Dresden! Welch eine Sensation! Aber wer ist nun der Größere von beiden? Tagelang gab es bei Hofe und unter den Musikern kein wichtigeres Thema. Jeder hatte seine Fans und Fanklubs, aber bewiesen war damit noch nichts.

Modernes Cembalo

Bach als junger Konzertmeister am Hof des Herzogs von Weimar

Jean Louis Marchand, der königliche Hoforganist aus Paris

Schließlich kommt ein Minister des Königs auf die glänzende Idee, die beiden zu einem öffentlichen Wettstreit auf dem Cembalo aufzufordern. Bach willigt ein, Marchand auch. Die Regeln werden vereinbart, und eine unabhängige Jury soll die Wertung vornehmen.

Eine Stunde vor Beginn der Veranstaltung ist der Saal bereits bis auf den letzten Platz gefüllt. Als die Schiedsrichter pünktlich mit dem Glockenschlag den Saal betreten und an ihren Tischen Platz nehmen, werden sie mit Applaus empfangen. Bach wartet im Nebenzimmer auf seinen Auftritt. Aber wo ist Marchand? Zehn Minuten über die Zeit – Marchand ist immer noch nicht da. Zwanzig Minuten – das Publikum wird unruhig. Will der eingebildete Franzose eine Show abziehen? Oder hat er die Zeit verschlafen? Ein Eilbote wird zum Hotel geschickt, in dem Marchand wohnt. Und was erfährt er da? „Monsieur Marchand ist heute früh Hals über Kopf abgereist."

Großes Gelächter im Saal, als der Bote mit dieser Nachricht zurückkommt. Und großer Triumph für Bach, der mit einem grandiosen Soloauftritt die Herzen des Publikums erobert.

Warum Marchand sich so eilig aus dem Staub gemacht hat? Genau weiß man es nicht. Wahrscheinlich hat er Bach in der Zwischenzeit beim Spielen belauscht und, um einer Niederlage zu entgehen, kampflos das Feld geräumt.

Freudvoll und leidvoll

– Hofkapellmeister in Köthen –

Zur Zeit Bachs war Deutschland in Hunderte von kleinen und kleinsten Staatsgebieten aufgeteilt, die jeweils von einem Fürsten oder Herzog oder Grafen regiert wurden. Jeder hatte sein Schloß, jeder seinen *Hof* (so nennt man den Regierungssitz mit allem Drum und Dran); und wer es sich irgend leisten konnte, hatte auch seine *Hofkapelle,* also eine Gruppe von Musikern, die zur Verschönerung und Bereicherung des *Hoflebens* beizutragen hatten. Ohne Musik, das wußte man auch damals schon, ist es selbst in dem schönsten Prunkschloß trostlos und langweilig.

- Erinnert ihr euch noch an die Enttäuschung, die Bach in Weimar erlebt hat? Wenn nicht, lest schnell noch mal nach S. 8f.

So unerfreulich Bachs Abgang aus *Weimar* war, so erfreulich ist das Verhältnis zu seinem neuen Dienstherrn in *Köthen* (vgl. Karte S. 17). Der junge Fürst Leopold, ein begeisterter Hobbymusiker, ist froh, einen so tüchtigen und erfahrenen Mann wie Bach für seine Kapelle gefunden zu haben. Er ernennt ihn sofort zum *Hofkapellmeister,* zahlt ihm ein gutes Gehalt (Bach steht im Range eines Hofmarschalls) und behandelt ihn wie einen Freund. Nicht zu vergessen die Kapelle: sie besteht aus den besten Musikern weit und breit. Bach ist stolz auf sie, und er gibt ihnen in seinen Kompositionen reichlich Gelegenheit, ihr Können zu beweisen. Eine dieser Kompositionen werden wir später noch genauer kennenlernen (S. 24ff.). Zu den kürzesten und bekanntesten Stücken gehört die quirlige Badinerie, die es heute auch in mehreren Popfassungen gibt.

> *Hörbeispiel: Badinerie, letzter Satz aus der Ouvertüre Nr. 2 h-Moll, BWV 1067*[1]
> (Siehe auch S. 52.)

Köthen, Sommer 1720. Bach, nunmehr 35, ist seit drei Jahren Hofkapellmeister. Eines schönen Tages spricht ihn sein Chef, Fürst Leopold, an:
„Lieber Bach, ich werde demnächst nach Karlsbad fahren – zur Kur. Haben Sie Lust mitzukommen?“
„Nichts lieber als das, Durchlaucht!“
„Nun gut, dann suchen Sie sich ein paar tüchtige Musiker aus; die nehmen wir auch noch mit. Wissen Sie, ohne Musik langweile ich mich dort nur.“
Was der Fürst nicht ausspricht: Karlsbad, der bekannte Kurort in Böhmen, ist im Sommer ein Treffpunkt für die Schickeria aus aller Welt. Man fährt nicht nur der Gesundheit wegen dorthin, sondern auch, um aufzufallen und in die Klatschspalten der Zeitungen zu kommen. Bach kennt die geheimen Gedanken des Fürsten; er war schon einmal mit ihm in Karlsbad gewesen. Ihm liegt die Angeberei zwar nicht, aber für einen Musiker kann es nur nützlich sein, wenn er in den „besseren Kreisen“ bekannt ist. Bach freut sich auf die Reise. Schade, daß er seine Frau und die vier

---

[1] BWV = Bach-Werke-Verzeichnis.

Kinder nicht mitnehmen kann. Sie werden ihm fehlen; außerdem täte ihnen eine Abwechslung auch mal ganz gut. Aber für ein so teures Bad reicht das Geld nicht. Beim Abschied winken sie ihm zu:
„Komm bald wieder!"
„In vier Wochen bin ich wieder da!"
Der Fürst hat durchaus richtig spekuliert. In Karlsbad beneidet man ihn um seine Kapelle, vor allem um seinen Kapellmeister. Überall, wo die Musiker auftreten, drängeln sich die Kurgäste. Zu den Bach-Fans gehört auch der *Markgraf von Brandenburg*. Die beiden kennen sich bereits. Bach ist gar nicht erfreut, ihn hier zu treffen. Denn seit zwei Jahren schon hat er versprochen, etwas für die Berliner Kapelle des Markgrafen zu komponieren.
„Nun, Herr Kapellmeister, wie steht's denn damit?" stichelt der Graf.
Bach kratzt sich am Kopf. „Fast fertig, Hoheit, fast fertig. Anfang des nächsten Jahres können Sie damit rechnen."
„Na, hoffentlich!"
Ja, hoffentlich, denkt Bach. Denn in Wahrheit hat er noch keine einzige Note für den Markgrafen geschrieben. Er hat auch keine rechte Lust; denn was er so von den markgräflichen Musikanten gehört hat, ist nicht gerade das Beste. Trotzdem wird er diesmal sein Versprechen halten. Er weiß auch schon, was er tun wird. Sobald er wieder zu Haus ist, wird er einige seiner Erfolgsstücke, die er für seine eigene Kapelle komponiert hat, aus der Schublade holen und sauber abschreiben... Nun ja, das eine oder andere wird er vielleicht noch dazukomponieren müssen, aber das ist kein Problem.
Je länger der Aufenthalt in Karlsbad dauert, desto mehr sehnt Bach sich nach seiner Familie. Was wird Maria Barbara sagen, wenn er ihr von seinen Erlebnissen und Erfolgen berichtet? Und die Kinder – er hört schon ihr Geschrei: „Papa, Papa, hast du uns was mitgebracht?"
Die letzten Kilometer seiner Heimreise kommen ihm wie eine Ewigkeit vor. Als die Kutsche vor der Haustür hält, wundert er sich, daß die Kinder ihm nicht entgegenspringen, um ihn zu begrüßen. Ob sie nichts gehört haben? „Bar-ba-ra!" ruft er, als er ins Haus kommt. Keine Antwort. Seltsam! Nochmal: „Bar..." Das Wort bleibt ihm in der Kehle stecken. Aus dem Wohnzimmer kommt seine Älteste, die zwölfjährige Katharina – mit verweinten Augen. Ängstlich klammert sie sich an den Vater.
„Was ist los, Kathrin? Warum weinst du? Wo ist Mutter?"
„Fort – fort – fort!"
Mehr bekommt er aus dem schluchzenden Mädchen nicht heraus. Nach und nach erfährt er von Bekannten, daß man seine Frau schon vor zwei Wochen begraben hat. Ganz plötzlich sei sie gestorben.
Bach ist wie versteinert. In der folgenden Zeit sieht man ihn täglich mit gefalteten Händen am Grabe seiner Frau stehen. Nur das Gebet und sein unerschütterlicher Glaube – sie helfen ihm, den Schmerz zu überwinden. Aber er denkt auch über einen erneuten Ortswechsel nach. Weg von Köthen!
Zunächst muß er sich jedoch um seine Kinder kümmern, muß ihnen Vater und Mutter zugleich sein. Dazu seine Dienstverpflichtungen! Wie soll er das nur durchhalten? Und dann ist da ja auch noch das Versprechen, das er dem Markgrafen in Karlsbad gegeben hat. Fast hätte er es schon wieder vergessen. Aber noch einmal will er sich

nicht mahnen lassen – und wenn er nachts arbeiten muß! Tatsächlich schickt er die *Sechs Brandenburgischen Konzerte* im Frühjahr des folgenden Jahres ab, wie er es zugesagt hatte. Jedoch für die Berliner Musiker sind sie viel zu schwierig. So kommt es, daß die Noten gleich nach ihrer Ankunft ins Archiv wandern, wo man sie später unter einer dicken Staubschicht fand. Wer die Konzerte heute hört, ahnt nicht, wie niedergeschlagen und verzweifelt der Komponist war, als er die Reinschrift anfertigte. (Näheres S. 24ff.)

Anderthalb Jahre nach dem schwersten Schicksalsschlag seines Lebens heiratet Bach zum zweitenmal. *Anna Magdalena* ist die Tochter eines Hoftrompeters aus dem benachbarten Weißenfels, 21 Jahre alt und eine ausgezeichnete Sängerin. Bach hat des öfteren schon mit ihr bei Konzerten am Köthener Hof musiziert. Als sie ins Haus zieht, scheint wieder die Sonne. Zu den vier Kindern aus erster Ehe werden im Lauf der Zeit noch dreizehn weitere kommen, von denen allerdings nur sieben am Leben bleiben.

Alle Bach-Kinder sind musikalisch und bekommen gründlichen Musikunterricht beim Vater. Im Hause Bach ist es tagsüber nicht eine Stunde ruhig. Irgendwer klimpert, geigt, flötet oder singt immer, meistens sogar mehrere gleichzeitig. Niemand stört sich dran. Auch der Vater nicht. Da können die Kleinsten ruhig zwischen seinen Füßen herumkrabbeln, während er komponiert; er hat die Fähigkeit, sich so auf seine Arbeit zu konzentrieren, daß er gar nicht wahrnimmt, was um ihn herum passiert.

Vier Söhne Bachs sind selbst wieder berühmte Musiker geworden. Die Größe des „alten Bach“ jedoch hat keiner auch nur annähernd erreicht.

So stellt sich ein Maler des 19. Jahrhunderts die Familie Bach vor.

Erinnerungen an Leipzig

Die Jahre in Köthen – das war für Bach, wenn man von dem plötzlichen Tod seiner ersten Frau absieht, eine schöne Zeit. Trotzdem hatte er gute Gründe, sich noch einmal nach einer anderen Stelle umzusehen.

- Vor allem fehlte ihm die Kirchenmusik. Wie lange schon hatte er an keiner Orgel mehr gesessen, wie lange keinen Kirchenchor mehr dirigiert, wie lange keine Kantate für den Gottesdienst komponiert!
- Außerdem wurden die Kinder immer größer. Bald sollten sie mit dem Studium beginnen; aber in Köthen gab es keine Universität. Überhaupt lebte man hier doch ziemlich abgeschieden, hatte keine Verbindung zur übrigen Welt...

Leipzig ist eine große Universitätsstadt und ein bekanntes Musikzentrum. Hier wird Bach den Rest seines Lebens verbringen: 27 Jahre. Wie es ihm dort erging, erfahrt ihr in dem folgenden „Interview".

I. = Interviewer, *B.* = Bach

I.: Herr Kantor Bach – oder sollte ich lieber „Herr Musikdirektor" sagen?

B.: Wenn Sie mich unbedingt mit einem Titel anreden wollen, ist mir Musikdirektor lieber.

I.: Das hätte ich nicht gedacht. Uns sind Sie viel besser als der große Thomaskantor bekannt.

B.: Ich weiß; aber das hört sich so an, als sei ich nur Kantor an der *Thomaskirche* gewesen. In Wirklichkeit war ich für *alle* Leipziger Kirchen zuständig.

I.: Aber Sie konnten doch nicht überall gleichzeitig sein.

B.: Natürlich nicht. Ohne meine Assistenten – damals nannte man sie Chorpräfekten – wäre die Arbeit nicht zu schaffen gewesen.

I.: Hat Ihnen die Arbeit Spaß gemacht?

B.: Zeitweise ja. Leipzig war eine der bekanntesten Musikstädte in Deutschland. Es war eine Ehre für mich, dorthin berufen zu werden. Aber es gab leider auch viel Ärger.

I.: Wieso?

B.: Es redeten mir zu viele Leute dazwischen, die von Musik keine Ahnung hatten oder mir aus anderen Gründen das Leben schwermachen wollten. Zum Beispiel die städtische Behörde, die Kirchenbehörde, der Rektor...

I.: Der Rektor? Meinen Sie den Rektor des Gymnasiums?

B.: Ja. Ich war ja nicht nur Kantor an der Thomas*kirche,* sondern auch Lehrer für Latein und Musik an der Thomas*schule.* Thomasschule und Thomaskirche gehörten zusammen.

I.: Das war ja eine richtige Ämterhäufung: Kantor, Musikdirektor, Lehrer...

B.: ... außerdem noch Universitätsmusikdirektor. Nicht zu vergessen meine Privatschüler und meine Tätigkeit als Komponist und die nebenamtlichen Verpflichtungen: Hochzeiten, Beerdigungen, Jubiläumsfeiern und so weiter.

I.: Wie haben Sie das nur geschafft?

B.: Natürlich war das ein enormer Streß. Aber ich hatte ja, wie gesagt, meine Assistenten und andere, die mir halfen. Vieles war eine Frage der Organisation.

I.: Trotzdem gab es oft Ärger und Verdruß?

Thomaskirche und Thomasschule in Leipzig

B.: Ja, zum Beispiel, wenn man mir einen Assistenten aufzwang, den ich für unfähig hielt; oder wenn man in die Chöre Sänger einschleuste, die ich nicht gebrauchen konnte. Denn Sie müssen bedenken, meine Chöre waren, verglichen mit den heutigen Massenchören, sehr klein. Der Hauptchor bestand nur aus 12 bis 16 Mitgliedern, manchmal waren es sogar noch weniger. Da kam es auf jeden einzelnen Sänger an.

I.: Was waren das für Sänger?

B.: Fast ausschließlich Schüler der Thomasschule, gelegentlich auch mal ein paar Studenten von der Universität.

I.: Für Ihre Kantaten brauchten Sie aber nicht nur einen Chor, sondern auch ein Orchester.

B.: Wieder so ein wunder Punkt! Wenn man gute Musiker haben will, muß man sie auch gut bezahlen. Aber das haben diese Sturköpfe im Stadtrat einfach nicht begriffen. Um jeden Pfennig mußte ich kämpfen, seitenlange Bittgesuche und Beschwerdebriefe schreiben, ihnen die selbstverständlichsten Dinge erklären...

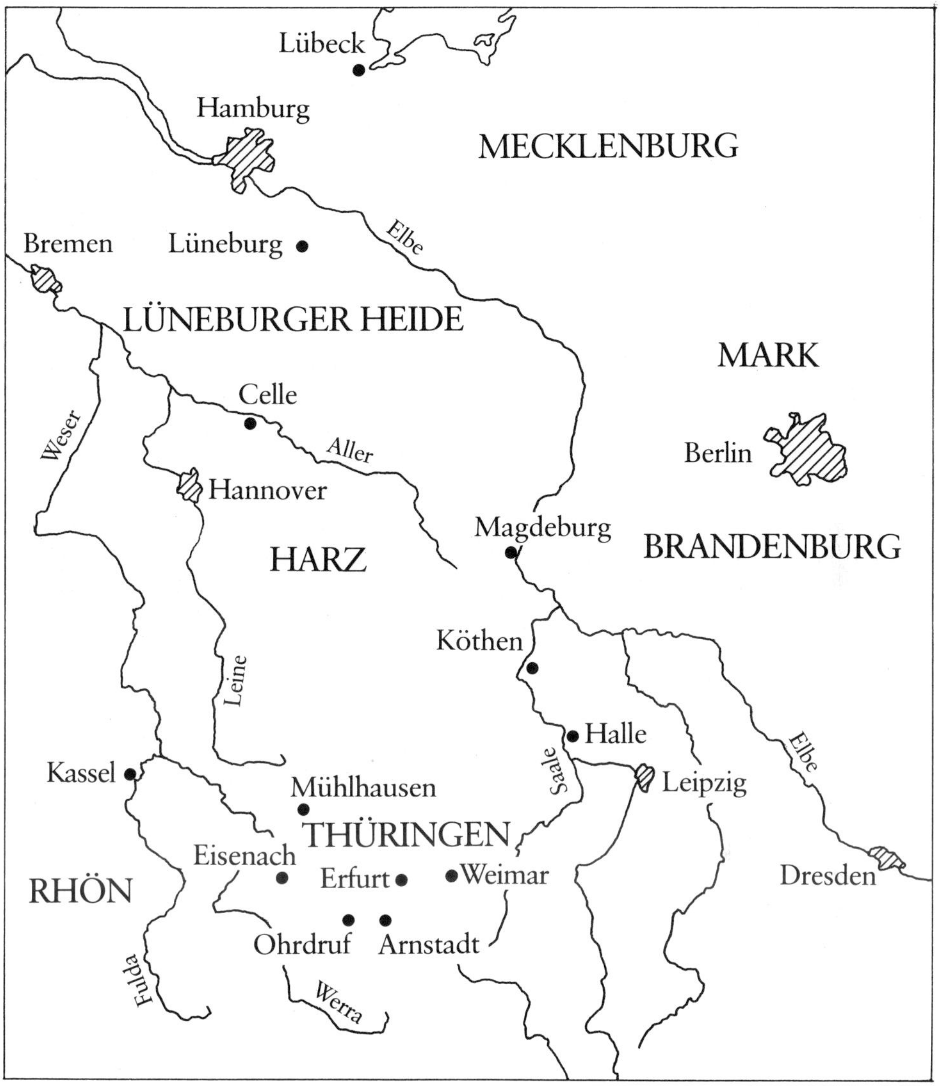

In diesem Raum hat Bach gelebt und gewirkt

I.: Entschuldigen Sie, Herr Bach, könnte es nicht sein, daß Sie auch – wie soll ich sagen – manchmal etwas undiplomatisch vorgegangen sind?

B.: Natürlich ist mir manchmal der Kragen geplatzt; und dann habe ich denen auch deutlich meine Meinung gesagt...

I.: ... und geschrieben! Ich kenne da einen Brief an den Stadtrat...

B.: Jaja, schon gut. Ich weiß, daß ich kein Engel war. Wenn's sein mußte, konnte ich sogar ziemlich grob werden. Und dann war es mir auch egal, wer mir gerade in die Quere kam.

I.: Eins hätte ich gern noch gewußt. Die Chorwerke, die Sie in Leipzig komponiert haben, sind sehr schwer zu singen. Selbst Spitzenchöre von heute schaffen das nur mit vielen Proben und Übungsstunden. Sie hatten damals aber gar nicht soviel Zeit. Ihre Chöre mußten ja jeden Sonntag etwas Neues singen.

B.: Das ist richtig. Ich sagte schon: das waren besonders ausgesuchte und geschulte Knabenstimmen. Aber Sie dürfen die damaligen Aufführungen nicht vergleichen mit den Schallplattenaufnahmen oder den großen Konzertaufführungen von heute. Mein Gott, wie glücklich wäre ich gewesen, wenn meine Musik damals so geklungen hätte.

I.: Und wenn Sie dann auch noch so bezahlt worden wären wie die heutigen Plattenstars...

B.: Ach je! So weit braucht man gar nicht zu gehen. Wenn ich für jede verkaufte Schallplatte nur einen Pfennig bekommen hätte... Ich hätte gar nicht gewußt, wohin mit dem vielen Geld.

I.: Was haben Sie denn damals tatsächlich so verdient?

B.: Sehr wenig. Es nützt nichts, wenn ich Ihnen jetzt eine bestimmte Zahl nenne. Die damalige Währung läßt sich einfach nicht in D-Mark umrechnen. Mein Einkommen reichte gerade, um meine große Familie zu ernähren. Zum Sparen blieb nichts übrig. Nach meinem Tod mußte meine Frau von Almosen leben.

I.: Es ist sicher kein Trost für Sie, daß es anderen großen Künstlern ähnlich, manchen sogar noch schlimmer ergangen ist. – Vielen Dank, daß Sie zu uns gekommen sind. Auf Wiedersehen!

B.: Auf Wieder*hören!*

Der alte Bach ist gekommen

– Zu Gast bei Friedrich dem Großen –

Zu den bewegendsten Ereignissen im Leben Bachs gehört der Besuch bei Friedrich II. in Berlin. Der große Preußenkönig war nicht nur ein bedeutender Feldherr und Staatsmann, sondern auch ein großer Musikliebhaber und Musikkenner. Manche sagen, er hätte so gut Flöte gespielt, daß er es mit einem Profi hätte aufnehmen können. Das mag vielleicht etwas übertrieben sein; auf jeden Fall hatte der König eine Musikkapelle von erstklassigen Musikern, und im Schloß wurde fast jeden Abend musiziert – oft unter Mitwirkung des Königs.

Der Cembalist in der königlichen Kapelle ist *Carl Philipp Emanuel Bach,* ein Sohn Johann Sebastians aus erster Ehe. (Auf dem Bild S. 19 sieht man ihn nur von hinten.) Der König schätzt den klugen, fantasievollen Künstler sehr, und er zeigt es ihm auch. Aber oft schon, wenn er sein brillantes Cembalospiel gelobt hatte, bekam er zur Antwort: „Danke, Majestät! Aber da sollten Sie erst mal meinen Vater hören. Alles, was ich kann, habe ich von ihm gelernt." Andere bestätigen es: „Jaja, der junge Bach ist ein exzellenter Musiker, aber an den alten Bach kommt er nicht heran." Der König

Flötenkonzert bei Friedrich dem Großen im Schloß Sanssouci
(Gemälde von Adolph von Menzel)

ist mißtrauisch. Er hält eigentlich nicht viel von deutscher Musik und deutscher Kultur. Die Franzosen, so meint er, sind die besseren Komponisten, Dichter und Philosophen. Aber er ist auch neugierig. Wie wär's, wenn man ihn mal einladen würde, den „alten Bach" – hierher ins Schloß? Gedacht – getan.
Bach ist jetzt 62 (vgl. das Bild auf S. 3) und fühlt sich immer noch topfit. Ihm kommt die Einladung gerade zupaß. Sollen die Leipziger ruhig mal sehen, daß der mächtigste Mann Europas die Fühler nach ihm ausstreckt. Vielleicht, wer weiß, bietet er ihm sogar eine Stelle an.
Eines schönen Frühlingsmorgens steigt er in die Kutsche, Richtung Berlin-Potsdam. Am Sonntag, dem 7. Mai 1747, abends kurz nach 7.00 Uhr trifft er dort ein. Das Schloßkonzert hat gerade begonnen, da kommt ein Diener in den Saal und überreicht dem König einen Zettel. Friedrich steht auf, unterbricht das Konzert und sagt mit respektvollem Unterton: „Meine Herren, der alte Bach ist gekommen." Bach bekommt nicht einmal Zeit, sich umzuziehen. Eine kleine Erfrischung, dann muß er sofort spielen und die neuesten Klaviere des Königs ausprobieren. Für die nächsten drei Stunden ist er der wahre König.
Freilich will auch der Hausherr zeigen, daß er etwas von Musik versteht, und spielt dem Gast ein selbsterfundenes Thema vor. „Kann Er darüber eine Fuge improvisieren?"

„Schwierig, schwierig, fast unmöglich", denkt Bach; „das Thema ist für eine Improvisation viel zu kompliziert; außerdem bin ich sehr müde und abgespannt. Um eine Fuge zu improvisieren, braucht man äußerste Konzentration." Aber das sagt er nicht. Er tut, was man von ihm verlangt, und gibt sein Bestes.
Nach dem Schlußakkord spendet der König begeistert Beifall. Großartig! Das hätte er nicht für möglich gehalten; denn er wußte natürlich selbst, wie schwierig die Aufgabe war. Am nächsten Tag steht's in der Zeitung, „daß der berühmte Kapellmeister aus Leipzig nicht nur Seine Majestät, sondern sämtliche Anwesenden in Verwunderung gesetzt hat". Der einzige Unzufriedene ist Bach selbst. Es wurmt ihn, daß ihm bei der Improvisation nicht alles so gelungen ist, wie er es sich vorgestellt hat. Sicher, die anderen haben es nicht gemerkt; aber *er* hat es gemerkt. Und das allein zählt.
Wieder in Leipzig, setzt er sich sofort an den Schreibtisch und komponiert über das „königliche Thema" eine Reihe von Stücken, die er als „Musikalisches Opfer" bezeichnet und dem „allergnädigsten König" mit einem Widmungsschreiben übersendet.
Das *Musikalische Opfer* ist kein populäres Werk, sondern eine der kunstvollsten und kompliziertesten Musikschöpfungen überhaupt. Ob Friedrich II. etwas damit anfangen konnte, ist fraglich. Er hat den großen Thomaskantor aus Leipzig zwar bewundert, aber wirklich verstanden hat er ihn wohl nicht.

Wie war es wirklich?

– Lebenslauf mit Fehlern –

- Nicht weniger als 20 Fehler stecken in diesem Lebenslauf. Findet ihr sie heraus?

Johann Sebastian Bach wurde 1785 in Eisenstadt geboren. Mit zehn Jahren kam er in ein Waisenhaus, weil seine Eltern gestorben waren. Dort wurde er bei einem Gelddiebstahl erwischt. Als junger Mann machte er einen langen Fußmarsch nach Buxtehude, um den großen Orgelmeister Dietrich Lübeck kennenzulernen. Bevor er Thomaskantor in Dresden wurde, war er Hofkapellmeister in Brandenburg. Hier komponierte er die berühmten Brandenburgischen Sinfonien, die er Friedrich dem Großen widmete.
Bachs erste Ehe war nicht glücklich. Er ließ sich daher scheiden und heiratete zum zweitenmal. Beide Ehen blieben kinderlos. Als Musikdirektor in Leipzig verlebte er eine kurze, aber besonders glückliche Zeit. Er war völlig unabhängig und brauchte sich von niemandem Vorschriften machen zu lassen. Sein Chor bestand aus über zweihundert Mitgliedern. Bachs Einkünfte waren so hoch, daß er seiner Frau ein beträchtliches Vermögen hinterließ. Allein die zahlreichen Schallplattenaufnahmen haben ihn zum mehrfachen Millionär gemacht.

AUS SEINEM SCHAFFEN

Einführung

Wenn über Bachs Musik gesprochen oder geschrieben wird, taucht immer wieder ein bestimmter Begriff auf, den man unbedingt kennen sollte. Der Begriff heißt *Polyphonie,* zu deutsch *Mehrstimmigkeit.*

X: Warum benutzt man ein Fremdwort, wenn es einen deutschen Ausdruck dafür gibt?
Y: Weil Polyphonie so etwas wie ein Markenzeichen ist, das nur für eine *bestimmte* Art von Mehrstimmigkeit verwendet werden darf.

Das Besondere an polyphoner Musik ist, daß zwei oder mehrere Stimmen wie *gleichberechtigte und gleichwertige Partner* miteinander musizieren.

X: Also wie ist das? Wenn du jetzt irgendein Lied singst, und ich singe gleichzeitig ein anderes Lied, dann sind wir doch gleichberechtigt und gleichwertig, oder?
Y: Richtig!
X: Dann ist das also Polyphonie?
Y: Auch richtig.
X: Aber das klingt doch zum Davonlaufen.
Y: Eben! Das darf natürlich nicht sein; und es *muß* auch nicht sein. Darin besteht die Kunst des Komponisten: so zu komponieren, daß die Stimmen trotzdem gut zusammen passen, obwohl sie selbständig sind.
X: Na so was.

Beispiel Quodlibet

Johann Sebastian hat wahrscheinlich schon als Kind öfter an einem musikalischen Gesellschaftsspiel teilgenommen, das in der Familie Bach und überhaupt unter Musikliebhabern sehr beliebt war. *Quodlibet* heißt das Spiel, zu deutsch: Was beliebt. Dabei werden „nach Belieben“ *verschiedene Lieder gleichzeitig* gesungen; es darf jedoch kein Mißklang entstehen. Ein Beispiel findet ihr auf S. 22.

Beispiel Kanon

Was ein Kanon ist, wißt ihr sicher. Auch dabei sind die Stimmen gleichberechtigt und gleichwertig.

X: Wieso?
Y: Hast du schon mal bei einem Kanon mitgesungen?
X: Ja, gestern erst – in der Schule.
Y: Und wie ging das?
X: Weißt du doch. Eine Gruppe fängt an, dann kommt die zweite dazu und dann die dritte...
Y: Und welche Gruppe singt die Hauptstimme?
X: Die Hauptstimme? Hm... *jede* Gruppe natürlich. Die singen doch alle dieselbe Melodie.
Y: Genau! Und weil jede Stimme Hauptstimme ist, sind sie alle gleichberechtigt und gleichwertig. Okay?
X: Okay!

Dieses Quodlibet besteht aus einer ganzen Lied*strophe* Ⓐ und zwei Lied*anfängen* Ⓑ und Ⓒ.

- Warum wird das mit Ⓑ bezeichnete Lied (Im Märzen der Bauer ...) nicht ganz zu Ende gesungen? Versucht's einmal!

Beispiel Fuge

Der Anfang einer Fuge ist ähnlich wie beim *Kanon:* Die erste Stimme trägt das Thema vor, dann setzen nacheinander die anderen mit dem gleichen Thema ein. So entsteht der Eindruck einer Verfolgung oder Flucht. Daher kommt auch der Name. *Fuga (lat.) heißt nämlich Flucht.*

- Wer verfolgt hier wen? Wer flieht vor wem?

Streckenweise laufen die Stimmen aber auch nebeneinander her, als hätten sie nichts miteinander zu tun – wie beim *Quodlibet.*

- Seht euch die Skizze unten an. Welche Abschnitte haben Ähnlichkeit mit einem Kanon, welche mit einem Quodlibet?
- Am besten ist, ihr probiert es selbst einmal.
  - Wir brauchen drei Instrumente mit möglichst unterschiedlicher Klangfarbe und/oder Tonhöhe (z. B. Glockenspiel, Xylophon, Metallophon).
  - Denkt euch eine leicht spielbare Melodie als *Thema* aus. Zum Beispiel die Anfangstakte eines Kinderliedes (nicht das ganze Lied).
    Etwa: Alle meine Entchen schwimmen auf dem See (Anfangston C).
    Oder: Kuckuck, Kuckuck, ruft's aus dem Wald (Anfangston G).
    Oder: Hänschen klein ging allein in die weite Welt hinein (Anfangston G).
  - Drei Spieler improvisieren gleichzeitig nach folgender Vorlage:

Glsp.	Thema	???????????????	Pause	Thema		usw.
Xyl.	Pause	Thema	?????????	Thema	??????	usw.
Blfl.	Pause	Thema	?????????	Pause		usw.

Die Fragezeichen heißen: Du kannst spielen, was du willst (freie Improvisation). Du darfst nur deine Mitspieler nicht übertönen.

- Könnt ihr die Skizze fortsetzen oder selbst eine Vorlage für *vier* Stimmen anfertigen?
- Spielt die Ergebnisse gruppenweise in der Klasse vor. Die Zuhörer versuchen, die Reihenfolge der Themeneinsätze nach Gehör aufzuzeichnen.

Zu einer richtigen Fuge gehört natürlich noch viel, viel mehr. Aber ihr habt jetzt einen kleinen Vorgeschmack von dem bekommen, was euch auf S. 29 ff. und 35 ff. erwartet.

Wenn von Bachscher Musik die Rede ist, fällt meistens noch ein anderer Ausdruck:

Kontrapunkt

Er bedeutet ungefähr das gleiche wie Polyphonie. Genaugenommen heißt das lateinische Wort „Contrapunctus" Gegennote; gemeint ist *Gegenmelodie* oder *Gegenstimme.* So ist zum Beispiel bei dem Quodlibet S. 22 die obere Stimme der Kontrapunkt (= die Gegenmelodie) zur unteren Stimme und umgekehrt.
Meister des Kontrapunkts wird Bach gern genannt, weil er es wie kein anderer verstand, Melodien und Gegenmelodien auf besonders raffinierte Weise miteinander zu verknüpfen. Ebensogut könnte man ihn auch Meister der Polyphonie nennen.

X: Gibt's denn auch noch 'ne andere Phonie?
Y: Wie bitte?
X: Na, etwas anderes als *Poly*-phonie?
Y: Klar! Wenn du ein Lied singst und ich mit der Gitarre ein paar Akkorde dazu spiele, dann nennt man das *Homophonie.*
X: Und was heißt Homophonie auf deutsch?
Y: Gleichklang.
X: Immer diese Fremdwörter!

Schloßkonzert in Köthen

– Brandenburgisches Konzert Nr. 2 –

Was denn? Ein Brandenburgisches Konzert in Köthen? Köthen liegt doch in Sachsen und nicht in Brandenburg! Des Rätsels Lösung findet ihr auf S. 13 und 14.

Bitte Platz nehmen

So ungefähr könnte die Platzordnung der Musiker, die bei dem Konzert mitwirken, damals ausgesehen haben.

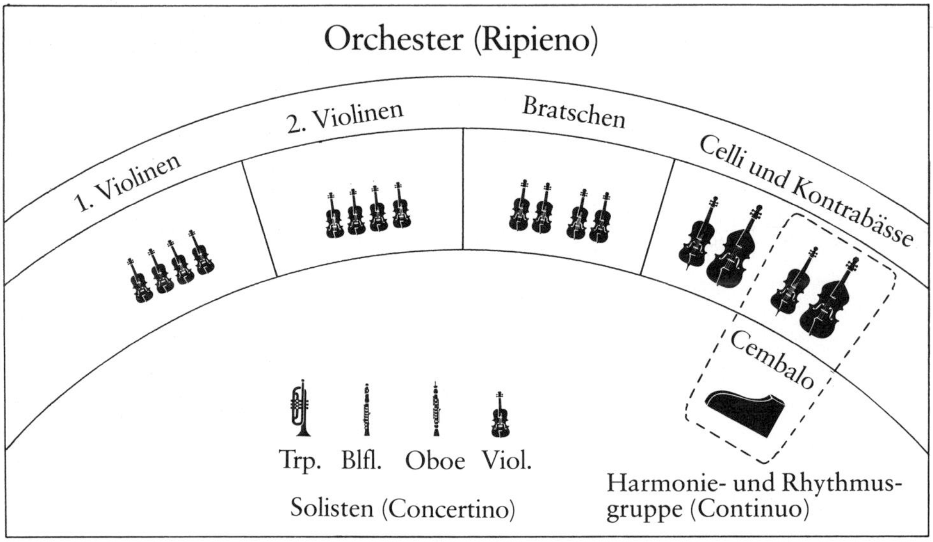

Im Halbrund das *Streichorchester,* auch *Ripieno* genannt.
Im Vordergrund die *vier Solisten,* auch *Concertino* genannt.
Vorn rechts die *Harmonie- und Rhythmusgruppe,* auch *Continuo* genannt.

Das Continuo ist das Rückgrat des Ganzen und daher mit besonders erfahrenen Musikern besetzt. Am Cembalo der Kapellmeister, der die Aufführung leitet. Neben ihm ein oder zwei tiefe Streicher. Zusammen bilden sie ein Team, das eigentlich eine Lohnzulage verdient; denn sie kommen nie zur Ruhe. Sie spielen nicht nur im Orchester (Ripieno) mit, sondern begleiten auch die Solisten bei ihren Soloauftritten. Daher die Bezeichnung Continuo (ital. „continuo" = dauernd).

Blick auf den Programmzettel

Wenn ein Musikstück als *Konzert* (oder italienisch „Concerto") angekündigt wird, weiß der sachkundige Hörer, was ihn erwartet: eine spielerische Begegnung zwischen zwei oder mehreren *gleichberechtigten Partnern.* Ob es ein Spiel *miteinander* oder *gegeneinander* wird, ist ungewiß. In dem Wort Konzert stecken beide Bedeutungen. Der Aufstellung der Musiker nach sieht es so aus, als ob es ein Spiel „Vier gegen alle anderen" werden soll. Aber bei Bach muß man auf Überraschungen gefaßt sein.

Erster Satz: Allegro (schnell)

Das Stück beginnt in der Art eines Quodlibets: Die Musiker stellen sich mit *fünf verschiedenen Melodien (oder Themen) gleichzeitig* vor. Welche Melodie am deutlichsten hervortritt, ist von Aufnahme zu Aufnahme und von Aufführung zu Aufführung verschieden.
Gut zu hören ist meistens die Melodie Nr. ①, bei der sich *drei Soloinstrumente* (Flöte, Oboe, Violine) und die Ersten Violinen des Orchesters zu einer starken Gruppe verbünden.

Trotzdem hat die hohe *Trompete* wenig Mühe, sich allein dagegen zu behaupten.

Schwerer haben es die *Zweiten Violinen.*

Und die *Bratschen.*

Schließlich das *Cembalo und die tiefen Streicher.* Sie geben mit ihren kreisenden Sechzehntelfiguren den richtigen Drive, das richtige Tempo.

- Laßt euch von eurem Lehrer die Melodieanfänge *einzeln* vorspielen und hört euch dann die ersten 8 Takte an; sie dauern nur wenige Sekunden.

Hörbeispiel: Brandenburgisches Konzert Nr. 2, Takt 1–8

Anmerkung: Aus didaktischen Erwägungen empfiehlt es sich, für die erste Begegnung mit diesem Werk nicht gerade eine historisierende Aufnahme (Harnoncourt) zu verwenden, da sie den Hörerfahrungen und damit dem klangästhetischen Empfinden der Schüler am wenigsten entspricht. Die folgende Interpretation trifft jedenfalls eher auf eine moderne Aufnahme zu.

Nach dieser kurzen Vorstellung führen uns die vier *Solisten* ein artistisches „Fangballspiel" vor. Die Violine beginnt:

Wer fängt den Ball auf? Zuerst die *Oboe,* dann die *Flöte,* dann die *Trompete.*
Aber das *Orchester* möchte sich natürlich auch an diesem Spielchen beteiligen. Es wirft seine eigenen „Bälle" dazwischen – meistens Bruchstücke aus den Vorstellungsmelodien, die ihr bereits kennt. Eigentlich müßte es jetzt chaotisch werden. Wird es aber nicht. Das Team ist so gut eingespielt, daß kein Ball sein Ziel verfehlt. Immer ist jemand da, der ihn auffängt.
Musikalische „Ballkunst" also. Aber wie das bei Ballkünstlern so ist: Der Zuschauer oder in diesem Fall der *Zuhörer* bekommt gar nicht alle Einzelheiten mit. Er merkt nichts von der angespannten Konzentration der Mitspieler. Soll er auch nicht. Er soll sich erfreuen an der Leichtigkeit und Perfektion des Zusammenspiels, und er soll sich anstecken lassen von der Spiellaune der Musiker.

- Wenn ihr etwas genauer hinhören wollt, schlage ich euch folgendes vor:
  – Die beiden auffälligsten „Bälle" sind dargestellt in dem Notenbeispiel S. 25, Ziffer ①, und dem Notenbeispiel oben auf dieser Seite. Prägt euch einen oder beide gut ein. (Bittet den Lehrer, sie euch mehrmals vorzuspielen, so daß ihr sie sicher wiedererkennen könnt.)
  – Wir bezeichnen die beiden Bälle mit ● und ○. Achtet beim Hören darauf, wer welchen „Ball" gerade spielt. Das folgende Schema stellt den Spielverlauf dar. Nur in der zweiten Zeilenkolonne (Takt 60–68) ist eine Stelle ausgespart. Könnt ihr sie beim Hören ausfüllen? Kleiner Tip: Es handelt sich um einen Ballwechsel zwischen den vier Solisten mit dem zweiten Ball (○).
  (Lösung S. 55)

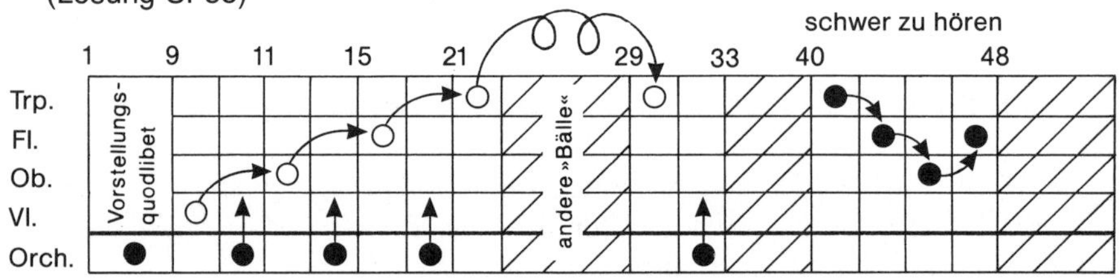

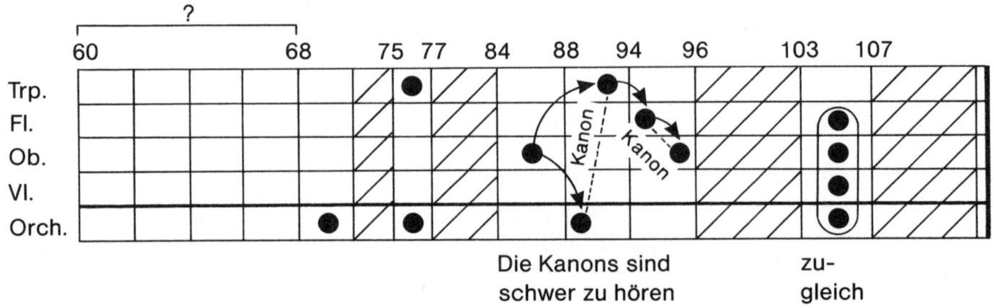

Einen besonderen Jux machen sich die Spieler in Takt 84–96. Die Oboe gibt den Ball ab, und plötzlich hört man ihn doppelt. Das Orchester und die Trompete, später die Flöte und die Oboe treiben ihn im *Kanon* vor sich her. Leider geschieht alles so schnell und so verdeckt, daß man es kaum wahrnimmt.

Hörbeispiel: Erster Satz ganz

Zweiter Satz: Andante (gehend)

Was für ein Gegensatz! Eben noch heiteres Spiel, jetzt ein wehmütiger Klagegesang. *Nur drei Soloinstrumente* (Flöte, Oboe, Violine) und natürlich das Continuo (Cembalo und Cello) beteiligen sich. Es fehlen also die strahlende Trompete und das Orchester. Aus gutem Grund. Sie könnten die stille, friedliche Trauer stören.
Ob Bach, als er diesen Satz komponierte, an den plötzlichen Tod seiner Frau (vgl. S. 13) gedacht hat? Wir wissen es nicht. Experten halten es für unwahrscheinlich. Das ganze Werk, so sagen sie, sei vorher entstanden.
Die *Violine* stimmt den Klagegesang an; nacheinander wird er auch von der *Oboe* und der *Flöte* aufgenommen.

Wie einfühlsam die drei Solisten aufeinander eingehen, sich antworten und stützen, als wollten sie sich gegenseitig trösten! Deutlich hört man die immer wiederkehrenden Seufzermotive (im Notenbeispiel mit + gekennzeichnet).

- Manche verstehen diesen Satz ganz anders, z. B. als schmachtendes Ständchen. Was meint ihr dazu?

Dritter Satz: Allegro assai (sehr schnell)

Dies ist eine wirbelnde, rasante *Sondervorstellung der vier Solisten.* Sie sind uns ja aus dem ersten Satz bereits als exzellente „Ballkünstler“ bekannt. Jetzt zeigen sie noch mal alles, was sie können. Und die Trompete, die im zweiten Satz schweigen mußte: hier hat sie ihren großen Auftritt.

Das Orchester kann bei dem Tempo anscheinend nicht so richtig mithalten. Meist schaut und hört es dem Treiben der Solisten zu; nur hin und wieder greift es in das Spiel ein.
Wer sich an die Improvisationsaufgabe S. 23 erinnert, wird sicher bald heraushaben, daß es sich hier um eine *Fuge* handelt. Fugen können ganz unterschiedlich im Charakter sein: heiter oder traurig, dramatisch oder vergeistigt... Unsere Fuge hat den Charakter eines fröhlichen, raschen Spiels – diesmal mit einem großen und vielen kleineren „Bällen".
Wie beim ersten Satz, so ist es auch hier am besten, wenn man nicht alle Einzelheiten auf einmal zu erfassen versucht. Deshalb konzentrieren wir uns nur auf den *„großen Ball"*. Hier ist er:

Die *Trompete* bringt ihn ins Spiel: sehr hoch und sehr schnell. Aber ehe man sich's versieht, ist er schon bei der *Oboe,* dann bei der *Violine,* schließlich bei der *Flöte.* Das Abspiel klappt so perfekt, daß man schon genau hinhören muß, um es nicht zu verpassen. Man denkt, der Ball sei immer noch bei Spieler A; dabei hat der ihn bereits blitzschnell abgegeben und sich ganz unauffällig einen anderen Ball gegriffen, mit dem er weiterspielt.
Manchmal hat man allerdings den Eindruck, der große Ball sei verschwunden. Zwischen-Spiele mit kleineren Bällen sorgen für Ablenkung und ziehen vorübergehend die Aufmerksamkeit auf sich. Nur nicht irremachen lassen! Der große Ball wird schon wieder auftauchen. Aber wann und wo? Die folgende Grafik soll euch helfen, den Spielverlauf zu verfolgen.

- Wer es sich zutraut, könnte auch versuchen, beim Hören eine eigene Zeichnung anzufertigen.

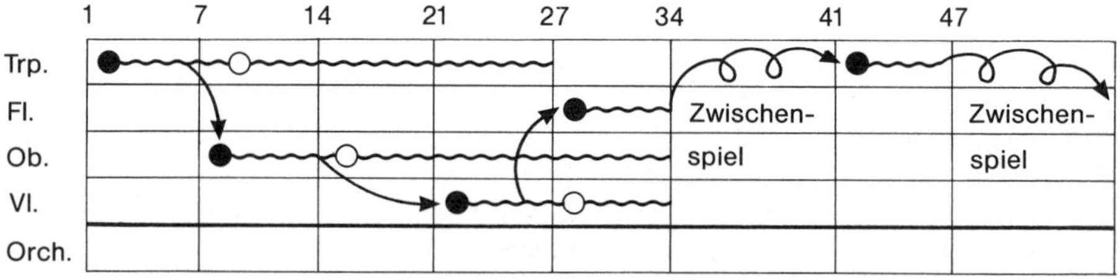

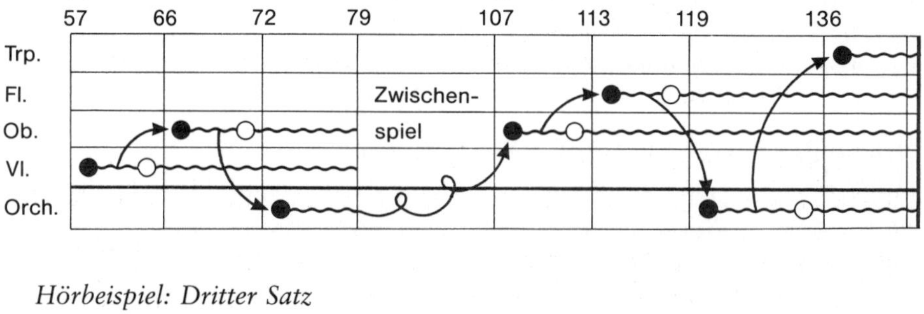

Hörbeispiel: Dritter Satz

Klavierstunde bei Johann Sebastian Bach

– Präludium und Fuge c-Moll –

Wie Bach trotz seiner vielen beruflichen Verpflichtungen als Musiker und Komponist auch noch Zeit fand, Privatunterricht zu geben, ist ein Rätsel. Dabei hat er das Unterrichten keineswegs nur so als Nebenjob betrachtet; nein, Halbheiten gab es für ihn nicht. Freilich konnte er nicht jeden Schüler nehmen; aber wer das Glück hatte, die strenge Aufnahmeprüfung zu bestehen, bekam eine gründliche Ausbildung – nicht nur im Klavier- und Orgelspiel, sondern auch in allgemeiner Musiklehre und, wenn die Begabung vorhanden war, auch in Kompositionslehre.
Viele Kompositionen sind aus diesem Anlaß entstanden. So zum Beispiel die Sammlung *Das Wohltemperierte Klavier*, aus dem unser Beispiel stammt. Sie besteht aus 24 Fugen, denen jeweils ein Präludium (Vorspiel) vorangestellt ist.
Der Titel „Das Wohltemperierte Klavier" kommt von einer neuen Erfindung, die zur Zeit Bachs die Musikwelt beschäftigte: der *temperierten Stimmung*. Gemeint ist die Stimmung der Instrumente, vor allem der Tasteninstrumente. Dieses neue Stimmungssystem ermöglicht es dem Spieler, in allen Tonarten zu spielen. Bach war davon so angetan, daß er zwei Folgen von je 24 Präludien und Fugen durch alle 24 Dur- und Molltonarten komponierte.

Zu den bevorzugten Schülern Bachs gehören selbstverständlich seine Söhne. Wie es beim Unterricht zuging, kann man sich anhand mancher Kompositionen leicht ausmalen. Hören wir doch mal in eine Klavierstunde hinein.
Friedemann, der Älteste, sitzt schon am Cembalo. Er schlägt gerade die handgeschriebenen Noten auf, die ihm der Vater vor einer Woche gegeben hat. „Fuge für drei Stimmen" lautet die Überschrift. Als der Vater ins Zimmer tritt, sprudelt Friedemann gleich drauflos:

Fr.: Hallo Papa! Du, die Fuge, die du für mich komponiert hast, finde ich klasse. Ich kann sie schon fast auswendig – bis auf diese eine Stelle...

Vater: Nur nicht so hitzig, Friedemann, und immer schön der Reihe nach. Zuerst möchte ich mal die Fingerübungen hören, die ich dir aufgegeben habe. Hoffentlich gehen sie heute besser als in der vorigen Stunde.

Fr.: Oooch, muß das sein, Vater? Vielleicht nachher; meine Finger sind noch etwas kalt.

V.: Dann erst recht. Durch die Fingerübungen werden sie warm. – Oder hast du wieder mal nicht so geübt, wie ich es dir gesagt habe?

Fr.: Äh – – nicht so richtig.

V.: Das habe ich mir gedacht. Und warum nicht?

Fr.: Sei nicht böse, Papa, aber das macht mir keinen Spaß. Zwanzig-, dreißigmal dieselbe Übung – dazu habe ich einfach keine Lust.

V.: Aber es ist notwendig, Junge, damit deine Finger gelenkig werden, damit dein Spiel flüssiger und gleichmäßiger wird.

Fr.: Sehe ich ja ein, Vater; aber weißt du, mir fehlt die Musik dabei. Hier, sieh dir diese Übung an, die du mir das letzte Mal in mein Notenheft geschrieben hast:

V.: Na und? Das ist eine gute und wichtige Übung.

Fr.: Ja, aber es ist keine richtige Musik.

V.: Na ja, eigentlich hast du ja recht. Man könnte das auch ein bißchen interessanter machen. Komm, laß mich mal ans Cembalo.

Hörbeispiel: Präludium c-Moll (ohne Fuge)

Fr.: Bravo Vater! So gefällt es mir. Könntest du mir das nicht aufschreiben, was du da eben improvisiert hast? Ich versprech' dir, daß ich dann auch regelmäßig übe.

V.: Abgemacht?

Fr.: Abgemacht!

V.: Also gut. Kannst nachher in mein Arbeitszimmer kommen und es dir abholen. – Doch nun zum zweiten Teil deiner Aufgabe, zu der *Fuge*. Spiel sie mir erst mal vor.

Hörbeispiel: Fuge c-Moll

V.: Gut, gut. Nichts auszusetzen. Aber ich hatte dir auch gesagt, daß ich in dieser Fuge ein bißchen Verstecken gespielt habe und daß du sie daraufhin untersuchen solltest.

Fr.: Hab' ich gemacht, Vater. War gar nicht so schwer. Also: Die ersten zwei Takte – ich hab' da 'ne Klammer drüber gemacht – das ist das *Thema*. Einstimmig, wie es sich für eine Fuge gehört.

V.: Richtig.

Fr.: Besonders auffällig finde ich den Rhythmus; ich meine diesen dreimaligen Anlauf:

V.: Sehr gut!

Fr.: Na ja, das ist natürlich ein guter Wegweiser. Im dritten Takt erscheint das Thema in der Oberstimme auf einer höheren Tonstufe.

V.: Richtig.

Fr.: Dann im fünften Takt – ebenfalls in der Oberstimme.

V.: Na, na, na – sieh dir das mal genau an.

Fr.: Aber da ist doch der dreimalige Anlauf. Hör doch:

V.: Jaja, aber das ist eben nur der „Anlauf", ein Lockruf sozusagen. Wie du es mit deinen kleinen Geschwistern beim Versteckspielen machst: „Hier bin ich" – und dann läufst du schnell in dein richtiges Versteck. Genauso ist es bei der Fuge. Das richtige Versteck ist nicht die Oberstimme in Takt 5, sondern die Unterstimme in Takt 7. Dort erscheint das Thema ganz.

Fr.: Da bin ich also auf meinen eigenen Trick reingefallen. Aber ich glaube, jetzt weiß ich, worauf ich achten muß.

V.: Gut. Dann mache ich dir einen Vorschlag. Du weißt ja, die Fuge ist für *drei Stimmen* komponiert: *Oberstimme* rechte Hand, *Unterstimme* linke Hand, und die *Mittelstimme* wird teils von der rechten, teils von der linken Hand gespielt. Jetzt nimmst du dir ein Blatt Papier und zeichnest auf, was du herausfindest. Ich gehe derweil in mein Arbeitszimmer und schreibe das versprochene Präludium auf. In einer Stunde bin ich wieder da. Bis dann!

Fr.: Bis dann, Vater.

Eine Stunde später. Dies ist die Zeichnung, die Friedemann gemacht hat. Der Vater sieht sie sich an.

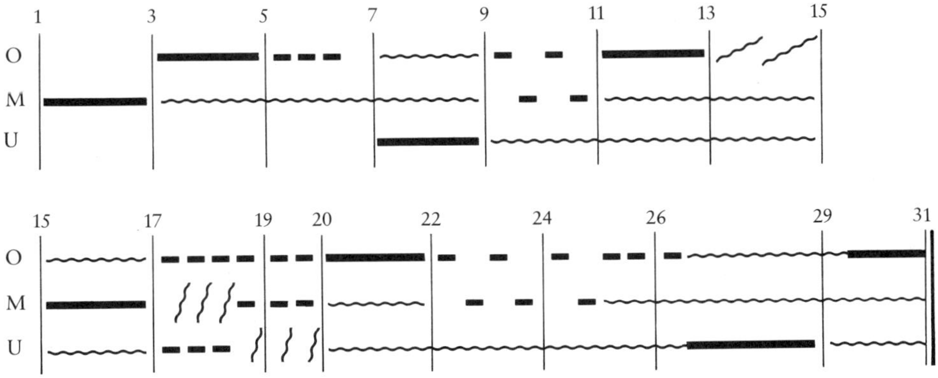

V.: Na, das sieht ja ganz gut aus. Was sollen denn die verschiedenen Zeichen bedeuten?

Fr.: ━━━━━ Die dicken Striche bedeuten: Hier ist das *Thema ganz.*

━ ━ ━ ━ Die unterbrochenen Linien bedeuten: Vorsicht Falle! Hier ist nur der *Themenkopf* verarbeitet.

〰〰〰 Die Wellenlinien bedeuten: *Freie Kontrapunkte*[1]; vom Thema keine Spur. Ein paarmal habe ich die Melodierichtung angedeutet.

V.: Okay. Jetzt spielst du mir die Fuge noch mal vor, und ich werde sie anhand deiner Zeichnung verfolgen.

- Verfolgt auch ihr beim Hören die von Friedemann angefertigte Skizze.
- Einmal ist das Thema (━━━━━) so gut versteckt, daß man es nur schwer heraushört. Wo könnte das sein?
- Wer überträgt die Skizze auf eine Folie (am besten farbig), damit man den Verlauf am Tageslichtprojektor mitzeigen kann?

Hörbeispiel: Fuge c-Moll

Über die Orgel

Dreißig Langspielplatten umfaßt allein die *Orgelmusik* Bachs. Kein Komponist vor oder nach ihm hat die Orgel mit einer solchen Fülle von Meisterwerken bedacht. Für die Orgelfans steht Bach so hoch über allen anderen, daß sie sagen: Es gibt keinen, den man mit ihm vergleichen könnte. Zwei seiner Orgelkompositionen werden wir später noch kennenlernen (S. 35 f. und 37 f.). Zuvor jedoch wollen wir uns ein wenig mit der Orgel vertraut machen.
„Königin der Instrumente" nennt man sie. Mit Recht. Kein anderes Instrument kann so viele verschiedene Klangfarben hervorbringen wie sie, keins kann es an Größe und Majestät mit ihr aufnehmen, keins hat einen so würdigen Stammplatz: hoch oben über dem Kirchenportal – dort, wo früher einmal Kaiser und Könige thronten.
Bei wertvollen Orgeln ist allein schon die Fassade, der sogenannte *Prospekt,* ein Kunstwerk für sich. Achtet einmal darauf, wie dekorativ die Prospektpfeifen angeordnet sind, wenn ihr eine Kirche besucht. Ältere Pfeifengehäuse sind meistens noch mit kunstvollen Schnitzereien und Bildern verziert.

- Was glaubt Ihr: Wie viele Pfeifen hat eine Kirchenorgel mittlerer Größe? (Antwort S. 55.)

Die kleinsten Pfeifen kann man bequem in die Hosentasche stecken, die größten sind so dick wie ein Ofenrohr und erreichen eine Höhe von 5, ja sogar von 10 Metern. (Zum Vergleich: Wie hoch ist euer Klassenzimmer?) Aufgestellt sind sie allerdings nicht nach der Größe, sondern nach *Registern* (so nennt man die verschiedenen Klangfarben). Eine mittlere Orgel hat etwa 25 Register; Riesenorgeln bringen es auf

---

[1] Der Begriff Kontrapunkt wurde auf Seite 23 erläutert.

über 200! Unglaublich, wie viele Kombinationsmöglichkeiten es da gibt. Gut wäre es, wenn ihr euch das Innenleben einer Orgel mal an Ort und Stelle erklären lassen könntet.
Ein- und abgeschaltet werden die Register am *Spieltisch*. Je größer das Pfeifenwerk und die Anzahl der Register, desto unübersichtlicher das Gewirr aus Tasten, Klappen, Hebeln, Knöpfen, Schaltern, Uhren und Zeigern. Manche Spieltische haben mehr Ähnlichkeit mit einem Flugzeugcockpit als mit einem Musikinstrument.

Spieltisch einer Orgel

Wie ein Pilot vor dem Start, so hat auch ein Organist vor einem großen Konzert meistens eine Checkliste, um alle Schalter und Hebel zu überprüfen; vor allem die Registereinstellungen. Bei älteren Orgeln sind die *Registerzüge* in der Regel rechts und links, zuweilen auch oberhalb der Tastaturen angebracht. Neuere Orgeln haben statt dessen meistens Kippschalter *(Registerklappen);* sie sind platzsparender und handlicher. Von der Registerkombination, die der Organist einstellt, hängt es ab, welche Pfeifen mit Luft versorgt werden und welche nicht.
Aber woher kommt die Luft? Heute von einem elektrisch betriebenen *Gebläse*. Zur Zeit Bachs geschah das „Aufpumpen“ durch Muskelkraft. Das heißt: Wenn der

Stich aus „Theatrum instrumentorum“ von Michael Praetorius (1620)

Organist spielen wollte, mußten immer zwei, drei, bei größeren Orgeln auch mehr „Bälgetreter“ zur Stelle sein (vgl. die Abb. oben).
Zum Spielen stehen dem Organisten mehrere übereinander angeordnete Handklaviaturen *(Manuale)* zur Verfügung. Kirchenorgeln haben in der Regel 2 bis 3, sehr große Orgeln 4, Riesenorgeln auch 5 bis 6 Manuale. Hinzu kommt noch eine Fußklaviatur *(Pedal)*, die hauptsächlich für die tiefen Bässe reserviert ist. Außerdem gibt's für die Füße meistens noch eine Reihe anderer Bedienungshebel. Ihr seht also: Orgelspielen erfordert ein außerordentlich hohes Maß an Konzentration. Ein falscher Knopfdruck, ein falscher Registerzug, ein falscher Fußtritt, ein Griff aufs falsche Manual – und schon kann es zu höchst unangenehmen Überraschungen kommen.

Orgelprüfung

– Tokkata und Fuge d-Moll –

Kein Orgelwerk hat je eine solche Bekanntheit und Beliebtheit erreicht wie die d-Moll-Tokkata. Bach komponierte sie im Alter von 23 oder 24 Jahren. Man merkt ihr den Kräfteüberschuß, das ungestüme Temperament, das Selbstbewußtsein des jungen Künstlers deutlich an. Gleich der Anfang hat etwas Bezwingendes, ja Herausforderndes an sich.

Hörbeispiel: Anfang der Tokkata (langsam ausblenden)

So ungefähr muß Bachs Orgelspiel geklungen haben, als er voller Ideen und voller Tatendrang von seiner Lübecker Studienreise zurückkam (vgl. S. 5ff.) oder wenn er eine neue Orgel zu prüfen hatte.
Bach war nämlich nicht nur ein glänzender Orgel*spieler,* sondern auch ein gefürchteter Orgel*prüfer*. Das heißt: Wenn irgendwo eine neue Orgel gebaut worden war, holte man ihn gern als Sachverständigen, um sie zu testen und zu begutachten. Wie es dabei zuging, wissen wir ziemlich genau: streng, aber gerecht. Als erstes zog er alle Register und spielte möglichst vollgriffig, um zu prüfen, ob die Orgel „eine gute Lunge" habe. Dann checkte er die Register einzeln und in verschiedenen Kombinationen durch. Und wenn ihm das Instrument gefiel, gab er zum Abschluß ein Konzert. Darauf hatte man gewartet. „Seine Füße flogen über das Pedal, als ob sie Schwingen hätten", berichtet ein Augen- und Ohrenzeuge; „donnergleich brausten die mächtigen Klänge durch die Kirche".

Hörbeispiel: Tokkata (bis zum Beginn der Fuge)

Was ist eigentlich eine *Tokkata?* Der Name (von ital. toccare = berühren, schlagen) sagt über die Musik überhaupt nichts. Die Überschrift hätte ebensogut „Fantasie" heißen können. Denn unsere Tokkata wurde nicht am Schreibtisch „konstruiert", sondern sie ist die Niederschrift einer *freien Improvisation.* Sie soll dem Spieler Gelegenheit geben, sein Können und die Klangfülle der Orgel eindrucksvoll vorzuführen – so, wie Bach selbst es einst tat.
Auch die *Fuge,* die sich unmittelbar an die Tokkata anschließt, macht den Eindruck einer Improvisation, die später aus dem Gedächtnis niedergeschrieben wurde. Das leichtfüßig trippelnde Thema scheint gar nicht so recht zu den „mächtigen Klängen" der Tokkata zu passen.

Der Gegensatz ist natürlich beabsichtigt. Der Organist soll jetzt andere Seiten des Instruments zur Geltung bringen. Er soll verschiedene Klangfarben (Registerkombinationen) zusammenstellen; er soll zeigen, welche Echowirkungen man auf der Orgel hervorbringen kann (Manualwechsel) oder wie die tiefen Bässe klingen (Pedalsolo). Und zum Schluß soll er noch mal die volle Orgel in ihrer ganzen Pracht ertönen lassen.

- Die folgende Skizze (Hörpartitur) bezieht sich nur auf die Fuge. Sie soll euch die Orientierung beim Hören erleichtern. Seht sie euch zunächst an.
  - An welchen Stellen wird das Fugenthema voraussichtlich nicht deutlich hervortreten (weil es von anderen Stimmen zugedeckt wird)?
  - Findet ihr eure Vermutung beim Hören bestätigt?
  - Vielleicht spielt euch der Lehrer das Fugenthema zuerst ein paarmal vor, damit ihr es bereits im Ohr habt, wenn ihr das Werk im Zusammenhang hört.

Hörbeispiel: Tokkata und Fuge d-Moll ganz

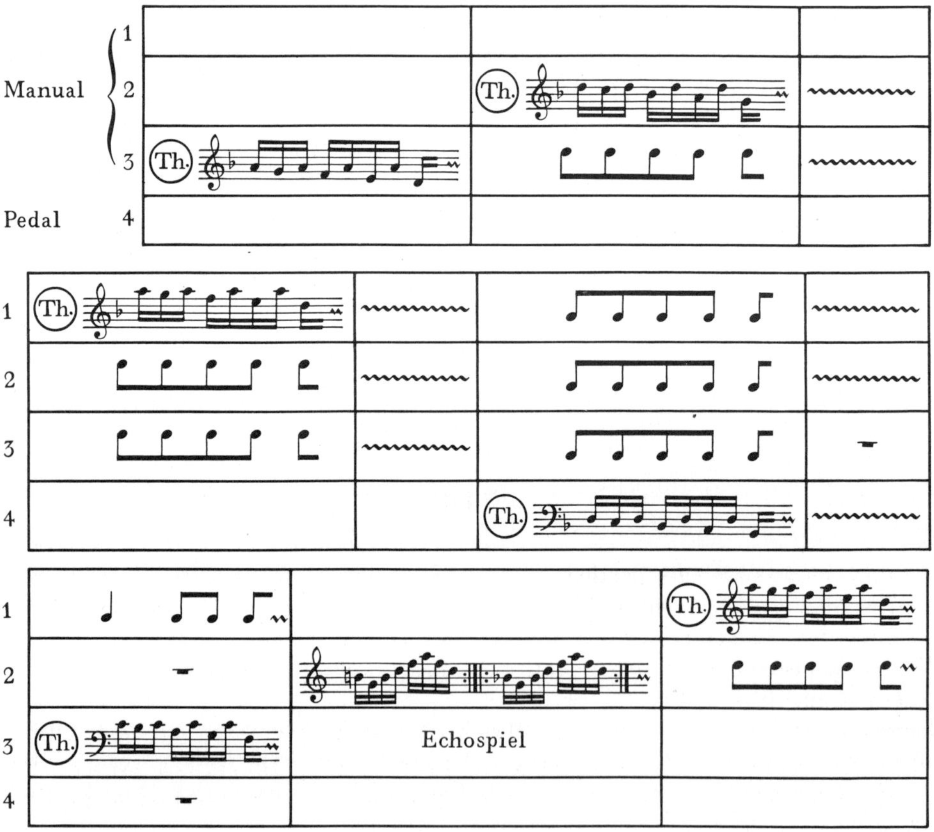

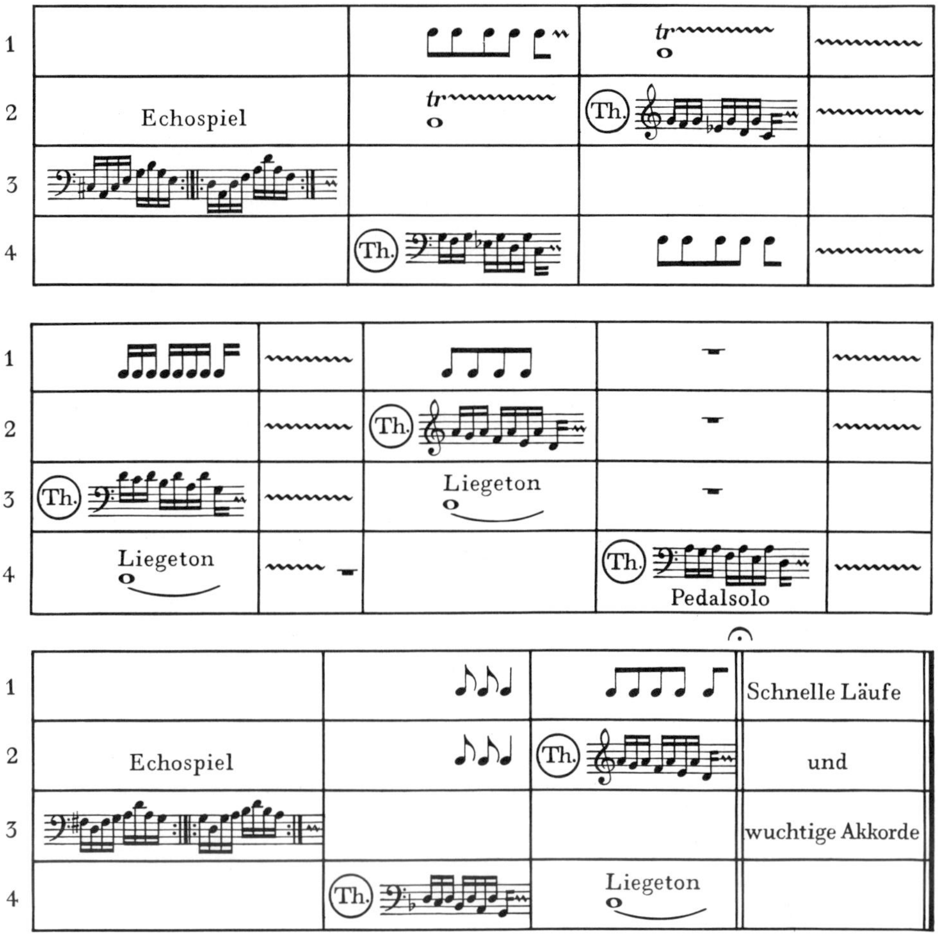

Choralvorspiel: Wachet auf, ruft uns die Stimme

Choralvorspiele haben eigentlich einen ganz bestimmten Zweck: sie sollen der Gemeinde ankündigen, welches Lied jetzt gesungen wird, und sie sollen den richtigen Ton angeben. Es genügt also, wenn der Organist den Anfang des Liedes vorspielt. Viele Organisten machen das auch so. Bach nicht. Unter seinen Händen wird daraus jedesmal ein kleines Konzertstück. Kein Wunder, daß man seine Choralvorspiele heute öfter in Kirchenkonzerten oder Rundfunksendungen als im Gottesdienst hört – ohne anschließenden Gemeindegesang. Einige sind sogar in verschiedenen Jazz- und Popbearbeitungen zu haben; darunter auch unser Choralvorspiel „Wachet auf, ruft uns die Stimme“.

X: Nur gut, daß Bach das nicht mehr erlebt hat.
Y: Was?
X: Daß man seine Choralvorspiele zu Pop- und Jazznummern umarbeitet.
Y: Du, ich glaube nicht, daß er sich darüber geärgert hätte. Er hat ja seine Werke zum Teil selbst bearbeitet. Das Choralvorspiel „Wachet auf…“ war zum Beispiel ursprünglich gar kein Choralvorspiel, sondern ein Satz aus einer Kirchenkantate. Und da hört sich das ganz anders an: mit Geigen und Gesang…
X: Na gut, aber das ist beides Kirchenmusik. Popmusik ist doch was ganz anderes.
Y: Kirchenmusik? So eng darf man das, glaube ich, nicht sehen. Zu Bachs Zeiten hat man Choralbearbeitungen nicht nur in der Kirche, sondern auch zu Hause gesungen und gespielt. Und überhaupt: Bach hat öfter mal Stücke für andere Zwecke umgearbeitet – auch Stücke von fremden Komponisten. Deshalb glaube ich nicht, daß er…
X: Ich glaube doch! Choräle im Popsound – das kommt mir fast vor wie eine Gotteslästerung. Auf jeden Fall ist es geschmacklos!

- Was meint ihr? Ist es geschmacklos, Kirchenmusik zu verjazzen und zu verpoppen? Was haltet ihr überhaupt von Classic-Pop?

Das Choralvorspiel „Wachet auf…“ erinnert an das Quodlibet-Modell (S. 22). Zu Beginn erklingt eine fröhliche, fast tänzerische Melodie, die scheinbar mit dem Choral überhaupt nichts zu tun hat. *Erst bei der Wiederholung gesellt sich die Choralmelodie dazu.* (Der Organist wird die Choralmelodie auf einem anderen Manual spielen, damit sie sich gut abhebt.) Und das Überraschende: Diese beiden Melodien, die so gegensätzlich im Charakter sind – sie passen zusammen, als seien sie füreinander gemacht. Dabei gab es den Choral lange vor Bach. Aber durch seine „Gegenmelodie“ ist das Lied in der ganzen Welt bekannt geworden.

„Gegenmelodie“

- Um die beiden Melodien aufeinander abzustimmen, hat Bach die *Choralmelodie* (S. 39) mehrfach durch kürzere und längere Pausen unterbrochen, während die Gegenmelodie weitergeht. Wo sind die Unterbrechungen besonders lang? (Am besten ist es, wenn ihr den Choral zuerst singen lernt.)

- Hat Bach noch andere Veränderungen an der Choralmelodie vorgenommen? (Antwort S. 55.)

Choralmelodie (zum Singen nach C transponiert)

- Die Bedeutung des Liedtextes ist nicht ohne weiteres verständlich. Wenn ihr Näheres wissen wollt, fragt euren Religionslehrer nach dem Gleichnis von den zehn Jungfrauen. (Siehe auch S. 45, Aufgabe 3.)

Hörbeispiel: Choralvorspiel „Wachet auf, ruft uns die Stimme"

- Wenn ihr eine Jazz- oder Popbearbeitung besorgen könnt: Welche Fassung gefällt euch besser? Warum?

Hier einige Plattenhinweise:
Switched on Bach, CBS S 63501
Jacques Loussier, Play Bach, Vol. 1–5, Decca 6.30115

Zum Mitmachen: „Jesus bleibet meine Freude"

Wieder ein Choral, der durch Bachs Bearbeitung zum Evergreen wurde. Wieder aus einer Kirchenkantate. Diesmal hat Bach das Stück allerdings nicht, wie bei dem vorigen Beispiel, zu einem Choralvorspiel umgeschrieben. Das haben andere getan. Heute kann man es in den verschiedensten Fassungen hören: für Orgel, für Klavier, für Synthesizer, für Popgruppen ... und natürlich in der Originalfassung für Chor und Orchester. Für unseren Zweck wählen wir die Synthesizer-Fassung (CBS S 63501, Switched on Bach).
Zu Anfang erklingt eine wiegende *Gegenmelodie* (Kontrapunkt); später kommt die *Choralmelodie* hinzu.

I
Je-sus bleibet meine Freude,
mei - nes Her - zens Trost und Saft,
Je-sus wehret al-lem Lei-de, er ist
mei - nes Le - bens Kraft,
II
mei - ner Au - gen Lust und Son-ne,

- Die *Choralmelodie* besteht aus lauter kleinen Tonschritten (Intervallen) und eignet sich daher gut zum Mitmachen. Ihr könnt sie
  1. mitsingen (auf Text) } Wer nicht so hoch hinaufkommt, darf eine Oktave
  2. mitsummen (auf du-du-du) } tiefer singen oder summen.
  3. mitspielen (auf Orff-Instrumenten und Blockflöte)
  4. durch einen improvisierten Begleitrhythmus poppiger gestalten.

  Ihr könnt aber auch mehrere dieser Möglichkeiten miteinander kombinieren.

  Ein paar praktische Hinweise:
  - Normalerweise wird der Choral im 4/4-Takt gesungen. Wer ihn so kennt, muß umlernen.
  - Zum Mitsingen oder -spielen muß die Melodie zunächst ohne Platte eingeübt werden.
  - Das Mitspielen auf Orff-Instrumenten läßt sich erleichtern, wenn man die Melodieabschnitte (römische Ziffern) auf verschiedene Gruppen verteilt.
  - Bei der rhythmischen Begleitung müßt ihr euch an dem Triolenrhythmus der Oberstimme orientieren. Etwa so:

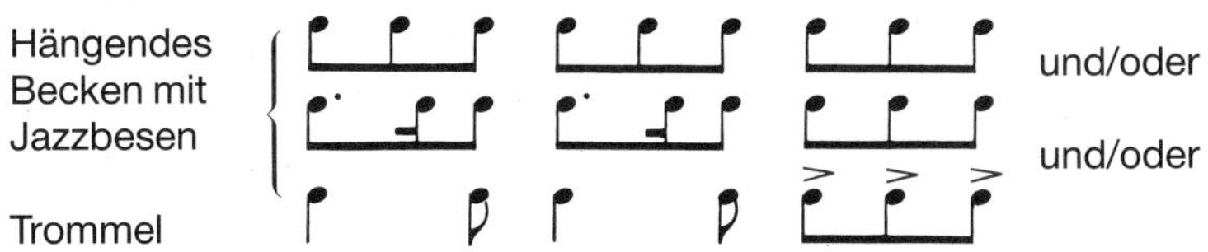

- Zusatzaufgabe. Auch bei diesem Choralsatz scheinen die Anfangsmelodie und die Choralmelodie nichts miteinander zu tun zu haben. Bei genauerem Hinsehen und Hinhören stellt man jedoch fest, daß die Choralmelodie in der Anfangsmelodie versteckt ist. Findet ihr die versteckten Noten heraus?
  (Antwort S. 55.)

Weihnachtsoratorium

In zahllosen Kirchen, Konzertsälen und Wohnzimmern auf der ganzen Welt erklingt um die Weihnachtszeit das Weihnachtsoratorium von Johann Sebastian Bach. Für viele Leute ist es die schönste aller Weihnachtsmusiken. Dabei sind die bekanntesten Teile ursprünglich zu ganz anderen Anlässen komponiert und aufgeführt worden, nämlich zu Geburtstagsfeierlichkeiten für die Kurfürstin und den Kurprinzen von Sachsen.

X: Moment mal! Soll das etwa heißen, daß die gleiche Musik im Schloß und in der Kirche aufgeführt wurde?
Y: Ja, nur mit einem anderen Text.
X: Und darüber hat sich niemand beschwert?
Y: Nein. Warum auch? Weihnachten ist doch schließlich auch ein Geburtstag; der Geburtstag Christi nämlich – und nicht, wie es heute aussieht, ein rührseliges Fest mit Glöckchenklang und „Stille Nacht" und behängten Tannenbäumen.
X: Ja schon. Aber der Geburtstag eines Fürsten und der Geburtstag Christi – ich weiß nicht, das ist doch etwas ganz anderes.
Y: Für Bach und seine Zeitgenossen nicht. Sie sahen in einem weltlichen Herrscher das Abbild des göttlichen Herrschers. Beiden hatte man den gleichen Gehorsam, den gleichen Respekt, die gleiche Ehrfurcht zu erweisen. Warum sollte man sie nicht mit der gleichen Musik ehren?

Das Weihnachtsoratorium besteht aus sechs Teilen; genauer gesagt: aus *sechs Kantaten,* die folgenden Tagen zugeordnet sind:

Erster Weihnachtsfeiertag	Neujahr
Zweiter Weihnachtsfeiertag	Sonntag nach Neujahr
Dritter Weihnachtsfeiertag	Erscheinung Christi (Dreikönige)

In dieser Abfolge wurden die sechs Kantaten unter Bachs Leitung 1734/35 zum erstenmal aufgeführt. Auch heute ist das Oratorium als Ganzes (es dauert insgesamt fast drei Stunden) nur selten zu hören. In Konzerten und Rundfunk- oder Fernsehsendungen wird es meistens auf zwei Aufführungstermine verteilt.

Zum Kennenlernen beschränken wir uns auf einige Ausschnitte aus dem ersten Teil des Weihnachtsoratoriums, also aus der Kantate zum Ersten Weihnachtsfeiertag.

Wichtige Begriffe

Oratorium = umfangreiches Werk mit Chor, Orchester und Solisten. Aufführungsdauer: mehrere Stunden. Den meisten Oratorien liegt eine biblische Geschichte oder ein geistlicher Text zugrunde.
Kantate = kürzeres Werk für Gesang und Instrumente (ital./lat. „cantare“ = singen). Aufführungsdauer: etwa 30 Minuten. Der Text kann weltlich (z. B. Geburtstagskantate) oder geistlich sein (Kirchenkantate).
Rezitativ = Sprechgesang; von einem Solisten gesungene Erzählung.
Arie = liedhafter Sologesang mit betrachtendem Charakter.

Erster Ausschnitt: Eingangschor „Jauchzet, frohlocket“

Pauken und Trompeten, von jeher Symbole königlicher Macht und Herrlichkeit, künden von der Freude über die Geburt des Herrn. In den Jubel des Orchesters stimmt auch der Chor ein:

A [Jauchzet, frohlocket! Auf, preiset die Tage,
Rühmet, was heute der Höchste getan!

B [Lasset das Zagen, verbannet die Klage,
Stimmet voll Jauchzen und Fröhlichkeit an!

C [Dienet dem Höchsten mit herrlichen Chören,
Laßt uns den Namen des Herrschers verehren!

Der Chor will uns alle einladen, die Freude mit ihm zu teilen. Immer wieder wendet er sich mit den gleichen Worten, mit den gleichen Aufforderungen an die Zuhörer. Bach vertont den Text also nicht, wie er dasteht: Wort für Wort und schön der Reihe nach; sondern er behandelt ihn völlig frei. Einzelne Wörter oder Satzteile oder ganze Satzteile oder ganze Sätze werden herausgelöst, wiederholt, neu zusammengesetzt, kontrapunktisch miteinander verquirlt und verzwirnt. (Ihr wißt doch noch, was Kontrapunkt heißt? Wenn nicht, schnell mal nachsehen, S. 23.) Das folgende Notenbeispiel zeigt, daß zur gleichen Zeit in jeder Stimme eine andere Silbe erklingt.

Es ist daher für den Zuhörer nicht immer leicht, den Text zu verstehen und mitzulesen. An sich ist das auch nicht schlimm; denn die frohe Stimmung soll ja vor allem von der Musik ausgehen. Trotzdem wollen wir's versuchen, um Bach noch von einer anderen Seite kennenzulernen: als *Musik-Architekten.* Diese Musik ist nämlich nach einem genau durchdachten Plan gebaut – wie ein Haus oder Schloß. Dabei wollen wir gar nicht so sehr ins einzelne gehen; es genügt, wenn wir uns auf die großen Bauteile konzentrieren. (Auf S. 43 sind sie mit A, B, C gekennzeichnet.)

- In welcher Weise hat Bach die drei Zeilenpaare (A, B, C) komponiert? (Komponieren heißt zusammensetzen.) Tragt die Buchstaben in die Kästen ein.
  3 Buchstaben – 9 Kästen! Es müssen also Wiederholungen vorkommen. Aber wie und wo und was? Das sollt ihr herausfinden.
  Kleine Hilfe: *Unmittelbare* Wiederholungen werden nur einmal gezählt. A A A gilt also als A. Nach A muß B oder C kommen. Deshalb warten, bis ihr beim Hören einzelne Wörter sicher erkannt habt! (Vielleicht hilft euch der Lehrer ein bißchen.)

- Warum ist das mittlere Feld stärker umrandet? (Antwort S. 55.)

Hörbeispiel: Jauchzet, frohlocket (Gesamtaufnahme Nr. 1)

Zweiter Ausschnitt:
Rezitative „Es begab sich aber zu der Zeit" und „Nun wird mein liebster Bräutigam"

Nach dem jubelnden Eingangschor beginnt der Evangelist Lukas (Tenor[1]), die Weihnachtsgeschichte vorzutragen: „Es begab sich aber zu der Zeit..." Diese Erzählung wird ebenfalls gesungen, aber ganz anders als im ersten Ausschnitt:

[1] Tenor = hohe Männerstimme.

– Man versteht jedes Wort.
– Nur *ein* Sänger singt.
– Kein Wort wird wiederholt und umgestellt.
– Der Gesang wird nur mit wenigen Akkorden von der Orgel (oder dem Cembalo) und einem Baßinstrument begleitet, der sogenannten Continuo-Gruppe (vgl. S. 24).
– Der Gesang paßt sich genau dem Rhythmus des Textes an.

Rezitativ nennt man diese Art des Vortrags.

- Könnt ihr euch denken, warum dieser Abschnitt nicht vom Chor gesungen wird und warum Bach hier die Form des Rezitativs wählt? (Antwort S. 56.)

Fast unmerklich geht der Bericht des Evangelisten über in ein *betrachtendes Gebet.* Doch es ist nicht mehr der Evangelist (Tenor), der da singt, sondern eine *Altstimme*[1]. Sie gibt die innigen Gedanken einer gottesfürchtigen *Seele* wieder, die sich auf die Ankunft des „Bräutigams“ und auf die Vermählung mit ihm vorbereitet. Die Liebe zwischen Bräutigam und Braut wird in der Bibel, aber auch in Kirchenliedern öfter als Vergleich für den Bund zwischen Gott und seinem Volk herangezogen.

- Inwiefern wird das durch den Text des Kirchenliedes S. 39 bestätigt?
- Wenn ihr Genaueres wissen wollt, fragt euren Religionslehrer nach dem Gleichnis von den zehn Jungfrauen (Matth. 25,1–13).

Zu der Altstimme gesellen sich jetzt auch zwei Oboen d'amore – wörtlich übersetzt: Liebesoboen; sie haben einen besonders zarten, lieblichen Klang.

- Hört die beiden Rezitative und verfolgt den Text.

Hörbeispiel: Rezitative (Gesamtaufnahme Nr. 2 und 3)

Evangelium

Es begab sich aber zu der Zeit, daß ein Gebot von dem Kaiser Augusto ausging, daß alle Welt geschätzet würde. Und jedermann ging, daß er sich schätzen ließe, ein jeglicher in seine Stadt. Da machte sich auch auf Joseph aus Galiläa, aus der Stadt Nazareth, in das jüdische Land zur Stadt Davids, die da heißet Bethlehem; darum daß er von dem Hause und Geschlechte David war: auf daß er sich schätzen ließe mit Maria, seinem vertrauten Weibe, die war schwanger. Und als sie daselbst waren, kam die Zeit, daß sie gebären sollte.

Betrachtung

Nun wird mein liebster Bräutigam,
Nun wird der Held aus Davids Stamm
Zum Trost, zum Heil der Erden
Einmal geboren werden.
Nun wird der Stern aus Jakob scheinen,
Sein Strahl bricht schon hervor.
Auf, Zion, und verlasse nun das Weinen,
Dein Wohl steigt hoch empor!

[1] Alt = tiefe Frauen- oder Knabenstimme.

Dritter Ausschnitt: Arie (Alt) „Bereite dich, Zion“

Das Rezitativ „Nun wird mein liebster Bräutigam...“ war nur der Anfang des betrachtenden Gebets. Es wird nun von der gleichen Altstimme fortgesetzt mit einer *Arie,* einem liedhaften Gesang.

Betrachtung (Fortsetzung)

Bereite dich, Zion[1], mit zärtlichen Trieben
Den Schönsten, den Liebsten bald bei dir zu sehn!
Deine Wangen müssen heut viel schöner prangen,
Eile, den Bräutigam sehnlich zu lieben!

Wenig Worte und viel Musik. Wieder geht Bach mit dem Text sehr frei um, ähnlich wie im Eingangschor. Das kann er auch, denn es ist schließlich kein Evangelium, sondern freie Dichtung. (Der Dichter heißt wahrscheinlich Picander; er hat viele Kantatentexte für Bach geschrieben.) Bach gestaltet diese Arie zu einem *Zwiegespräch zwischen der Altstimme und einer Instrumentalstimme.* Die Instrumentalstimme wird von zwei Instrumenten gemeinsam ausgeführt, nämlich von einer Violine und einer Oboe d'amore. (Die Oboe d'amore klingt jedoch so leise, daß man sie kaum hört.)

- Die Arie hat einen ähnlichen Aufbau wie der Eingangschor. Aber der Text besteht in diesem Fall nur aus *zwei* Zeilenpaaren. Was meinst du: Wie läßt sich daraus eine *drei*teilige Form machen?
- Ob deine Vermutung stimmt, kannst du selbst überprüfen, wenn du die Arie hörst. (Antwort S. 56.)

Hörbeispiel: Arie „Bereite dich, Zion“ (Gesamtaufnahme Nr. 4)

- Wie würdest du die Stimmung dieser Arie beschreiben? (Es muß nicht jeder das gleiche empfinden.)

Vierter Ausschnitt: Choral „Wie soll ich dich empfangen“

Der Bericht des Evangelisten, das betrachtende Gebet und der nun folgende Choral bilden zusammen eine szenische Einheit. Man könnte sie mit der Überschrift versehen „Warten auf die Geburt des Herrn“. Der Choral wird vom Chor gesungen, stellvertretend für die ganze Gemeinde, ja für die ganze Christenheit. Sie drückt ihre Erwartung, ihre Sehnsucht, aber auch ihre Demut und Furchtsamkeit mit den Worten aus:

---

[1] Zion = das auserwählte Volk Gottes.

Wie soll ich dich empfangen,
Und wie begegn' ich dir?
O aller Welt Verlangen,
O meiner Seelen Zier!
O Jesu, Jesu, setze
Mir selbst die Fackel bei,
Damit, was dich ergötze,
Mir kund und wissend sei.

Die Melodie des Chorals ist euch vielleicht besser als Passionslied bekannt („O Haupt, voll Blut und Wunden"). Aber zu Bachs Zeit wurde sie auch als Adventslied gesungen.

Hörbeispiel: Choral „Wie soll ich dich empfangen"
(Gesamtaufnahme Nr. 5)

Fünfter Ausschnitt: Choral „Ach mein herzliebstes Jesulein"

Die nächste Szene könnte man überschreiben: „Der Heiland ist geboren". Wir wollen uns davon nur den Schluß anhören. Es ist zugleich der Schluß der Kantate zum Ersten Weihnachtsfeiertag. Wieder singt der Chor. Diesmal aber ein echtes Weihnachtslied: „Vom Himmel hoch, da komm ich her". Bach wählt die 13. Strophe:

Ach mein herzliebstes Jesulein,
Mach dir ein rein sanft Bettelein,
Zu ruhn in meines Herzens Schrein,
Daß ich nimmer vergesse dein.

Eine besonders zarte Strophe. Doch es herrscht die gleiche Freudenstimmung wie beim Eingangschor.

Hörbeispiel: Choral „Ach mein herzliebstes Jesulein"
(Gesamtaufnahme Nr. 9)

- Text und Musik passen offensichtlich nicht so recht zusammen. Was könnte sich Bach bei der Wahl der Instrumente gedacht haben? (Lies nach, was auf S. 43 über Pauken und Trompeten steht.)
- Wie empfindest du den Stimmungs*verlauf* vom ersten bis zum fünften Ausschnitt? (Antwort S. 56.)

WIE SICH DIE ZEITEN ÄNDERN

Stars und Superstars des Barock

Sie sind im gleichen Jahr geboren (1685), stammen aus der gleichen Gegend (Sachsen-Thüringen), waren beide berühmte Orgelvirtuosen, und sie gelten als die überragenden Musikerpersönlichkeiten des Barockzeitalters; aber begegnet sind sie sich nie: **Johann Sebastian Bach** und **Georg Friedrich Händel.**
Wie ist das zu erklären? Ganz einfach: Händel hat seine Heimat schon als junger Mann verlassen, um sich in der Welt umzusehen; später ist er sogar nach England ausgewandert und hat dort eine glänzende Karriere gemacht. Er hat zwar seine Vaterstadt Halle ein paarmal besucht, aber zu einem Treffen der beiden Superstars hat die Zeit nie gereicht.
Superstars? Bach hätte laut gelacht, wenn man ihn so bezeichnet und mit dem großen Händel auf eine Stufe gestellt hätte. Tatsächlich war Händel *damals* der weitaus berühmtere. Seine Opern wurden in den größten Theatern der Welt gespielt; wo er auftauchte, wurde er umschwärmt und umworben; und als er starb, hinterließ er ein ansehnliches Vermögen. Bach dagegen blieb zeitlebens der kleine Hofmusiker und Kantor aus Sachsen. Er hat nie eine Oper komponiert; die Welt des Theaters war ihm fremd. Gewiß, in Mittel- und Norddeutschland genoß er hohes Ansehen – vor allem als Meister des Orgelspiels; aber in München oder Wien kannte ihn niemand, von London oder Paris ganz zu schweigen. Bach war es auch, der sich vergeblich um ein Treffen mit seinem großen Kollegen bemüht hat.
Wie sich die Zeiten ändern! Heute, dreihundert Jahre danach, steht Händel im Schatten Bachs. Händels Opern werden kaum noch aufgeführt; nur ein kleiner Teil seiner übrigen Werke erfreut sich nach wie vor großer Beliebtheit, darunter die *Feuerwerksmusik*, die *Wassermusik* und das Oratorium *Der Messias.* Dagegen Bach: Seine Kantaten und Oratorien, seine Orchester- und Orgelmusik – sie sind heute lebendiger als jemals zuvor.
Neben den beiden Superstars verblassen die anderen Namen ein wenig. Aber ihre Musik hat immer noch soviele Freunde, daß mancher Komponist der Gegenwart sie darum beneidet. Da ist zum Beispiel **Domenico Scarlatti,** gleichaltrig mit Bach und Händel, ein Italiener, gefeierter Klavier- und Cembalovirtuose. Seine kurzen, spritzigen Klavierstücke werden in Klavierabenden gern als Zugaben gespielt.
Sieben Jahre älter als Bach, Händel und Scarlatti war ein anderer Italiener: **Antonio Vivaldi.** Bach war von dem südländischen Charme seiner Musik so angetan, daß er sie gründlich studierte und zum Teil auch für eigene Zwecke bearbeitete. Vivaldis bekanntestes Werk, *Die vier Jahreszeiten,* besteht aus einer Folge von Konzerten für Solovioline und Streichorchester. Vielleicht habt ihr Lust, euch einmal ein Stück daraus anzuhören.

Hörbeispiel: Antonio Vivaldi, Der Frühling, erster Satz aus „Die vier Jahreszeiten“, op. 8 Nr. 1

- Das Stück beginnt mit einer heiteren *Frühlingsmelodie,* die später mehrfach wieder anklingt. Wie oft? (Aufpassen! Sie erklingt stets in leicht veränderter oder verkürzter Form.)
- Einige Stellen sind mit folgenden Hinweisen versehen:
  – Plätschernde Quellen
  – Gesang der Vögel (zweimal!)
  – Gewitter

  Könnt ihr die richtige Reihenfolge feststellen?
  (Antworten S. 55.)

Händel, Scarlatti, Vivaldi – das waren Musiker von internationalem Rang. Dennoch brauchte Bach ihre Konkurrenz nicht zu fürchten, weil sie viel zu weit weg waren. Anders **Georg Philipp Telemann,** ebenfalls aus dem Sächsischen stammend, vier Jahre älter als Bach, berühmter Kapellmeister in Frankfurt und Hamburg, erfolgreich als Komponist weltlicher und geistlicher Musik; er hätte Bach mit Leichtigkeit den Leipziger Kantorenposten wegschnappen können; auch der Herzog von Weimar dachte zuerst an ihn, als er einen Kapellmeister suchte (vgl. S. 8). Aber der große Telemann lehnte beidemal dankend ab.
Jaja, der „große" Telemann. Auch er ist kleiner geworden im Laufe der Jahrhunderte. Heute würde man jeden auslachen, der auf den Gedanken käme, ihn einem Johann Sebastian Bach vorzuziehen. Aber so ist das nun mal in der Kunst: Ob sie mit zunehmendem Alter an Wert gewinnt oder verliert, kann niemand vorhersagen.

Georg Friedrich Händel

Georg Philipp Telemann

Vom Barock zur Klassik

– Eine Sendung von Radio Irgendwo –

M. = Moderator, *H.* = Haydn, *B.* = Bach

M.: Liebe Hörerinnen und Hörer. Barock und Klassik – der Musikkenner weiß, daß sich hinter diesen Begriffen ein grundlegender Wandel des musikalischen Geschmacks verbirgt. Stattgefunden hat dieser Wandel vor etwa 250 Jahren, also etwa um 1750. Und ich freue mich, daß es uns gelungen ist, eine Schaltung zu zwei prominenten Zeugen herzustellen, die längst nicht mehr unter den Lebenden weilen. Darf ich sie zunächst einmal vorstellen:
Herr *Johann Sebastian Bach*. Sie sind der prominenteste und zugleich der letzte große Vertreter des Barock-Stils. Hofkapellmeister in Köthen, später Kantor und Musikdirektor in Leipzig.
Und Herr *Joseph Haydn*. Sie waren über dreißig Jahre Hofkapellmeister in Eisenstadt bei Wien. Sie gelten als erster großer Vertreter der Klassik.
An Sie, Herr Haydn, die erste Frage! Sie waren ein junger Mann von 18 Jahren, als Herr Bach starb. Haben Sie als angehender Komponist seine Werke gekannt und studiert? War er für Sie so etwas wie ein Vorbild?

H.: Nein, zu der Zeit hatte ich von ihm überhaupt noch nichts gehört.

M.: Wie kommt das?

H.: Dafür gab es mehrere Gründe. Erstens die große Entfernung. Bach war in Leipzig, ich in Wien. Zweitens gab es ja kaum etwas Gedrucktes von Bach. Wie hätte ich drankommen sollen? Drittens war Bach Protestant, ich Katholik. Seine Kirchenmusik wäre für mich tabu gewesen. Und viertens – verzeihen Sie, Herr Bach – war seine Musik nicht mehr „in“, sie war unmodern, als er starb.

M.: Herr Bach, kränkt Sie das?

B.: Kränken? Nein. Ich konnte nur mit der neuen Mode nicht viel anfangen und wollte da nicht mitmachen – nur weil's modern ist...

M.: Was war denn das Neue?

Der neue Sound

B.: Das Auffälligste war wohl der neue Orchesterklang. Es gab da noch zu meinen Lebzeiten am Mannheimer Fürstenhof ein Orchester, das einen ganz neuen, unverwechselbaren Sound entwickelt hatte. Dieser Sound wurde bald überall nachgeahmt – vor allem im Süden, wo ja Herr Haydn tätig war.

M.: Und was war das Besondere an diesem Sound?

B.: Am besten hören wir uns mal zwei Beispiele von Herrn Haydn und mir an. Achten Sie auf die Bläser. Bei mir können Sie Trompete, Flöte und Oboe deutlich unterscheiden. Herr Haydn verwendet die gleichen Instrumente, aber sie verschmelzen mit den Streichern so, daß sie kaum noch zu erkennen sind.

Hörbeispiele:
Bach, Brandenburgisches Konzert Nr. 2, dritter Satz (Näheres dazu S. 27f.)
Haydn, Sinfonie Nr. 94 (mit dem Paukenschlag), zweiter Satz
(Näheres dazu in dem Heft „Begegnung mit Joseph Haydn“, S. 29ff.)

M.: Herr Haydn, wenn ich diese Beispiele vergleiche, dann ist der Sound doch wohl nicht das einzige, was Sie von Herrn Bach unterscheidet.

Ein neues Rhythmusgefühl

H.: Nein, es kommen noch andere Dinge hinzu. Zum Beispiel der Rhythmus. Bei den meisten Stücken von Herrn Bach läuft der rhythmische Pulsschlag mit motorischer Gleichmäßigkeit von Anfang bis Ende durch. Im Orchester ist dafür die sogenannte Continuo-Gruppe zuständig.

M.: Was heißt das: Continuo-Gruppe?

H.: „Continuo" ist italienisch und heißt „ständig", „ununterbrochen". Diese Gruppe (bestehend aus Cembalo und ein oder zwei Baßinstrumenten) spielt also ununterbrochen mit, und zwar vor allem die Grundharmonien und den Grundrhythmus. Man könnte sie also auch als Harmonie- und Rhythmusgruppe bezeichnen.[1]

M.: Kommt es daher, daß ich immer das Gefühl habe, Bachs Musik „swingt"?

H.: Genau! Deshalb läßt sie sich auch so leicht verpoppen. Dabei braucht man kaum etwas hinzuzufügen oder zu ändern. Ein bißchen Schlagzeug – fertig! Bei *meiner* Musik ist das anders. Ich verwende keine Continuo-Gruppe mehr. Die war aus der Mode gekommen. Deshalb fehlt auch der typisch barocke „Swing". Dafür ist meine Musik vielleicht ausdrucksvoller und abwechslungsreicher. Das haben die beiden Hörbeispiele von vorhin ja gezeigt.

Liedhafte Melodien

M.: Bei diesen Beispielen ist mir außerdem noch etwas anderes aufgefallen. *Ihre* Melodie, Herr Haydn, könnte ich sofort singen oder pfeifen. Von *Ihrer* Melodie, Herr Bach, habe ich nur Bruchstücke behalten. Liegt das an mir?

B.: Nein, Haydns Melodien sind meistens eingängiger, einfacher, liedhafter. Auch das gehört zum neuen, „klassischen" Stil.

H.: In meinen Sinfonien ist die Melodie überhaupt das Wichtigste. Meistens wird sie von den ersten Violinen gespielt. Alle anderen Stimmen ordnen sich unter.

Sieg der Homophonie über die Polyphonie

B.: Sehen Sie, und das hat mich am allermeisten geärgert: daß die Homophonie die Polyphonie verdrängt hat.

M.: Homophonie ...?

B.: ... ist das, was Herr Haydn eben beschrieben hat: *Eine* Stimme spielt die Melodie, alle anderen ordnen sich unter. Im polyphonen Satz dagegen gibt es mindestens zwei, meistens sogar mehrere *gleichberechtigte* Stimmen. Denken Sie an das Beispiel von vorhin.

M.: Sie meinen das Brandenburgische Konzert?

B.: Ja. Da spielen sich vier Soloinstrumente den „Melodieball" gegenseitig zu. Und das Orchester mischt auch noch mit. Das ist doch viel interessanter als...

[1] Siehe auch S. 24.

M.: ... aber es erfordert vom Hörer wohl auch mehr Aufmerksamkeit, damit er alles mitbekommt.

B.: Da haben Sie recht. Herr Haydn hat es seinen Hörern leichter gemacht als ich.

H.: Aber ich habe nicht damit angefangen.

Rokoko – die neue Mode

B.: Nein. Ich will auch niemandem einen Vorwurf machen. Das war eben die neue Mode, der neue Stil. Während meiner Leipziger Zeit gab es ja auf allen möglichen Gebieten Neuerungen, die mir nicht gefielen. Ich brauche nur an die zierlichen Porzellanfiguren zu denken, die damals in Mode kamen, oder an die dünnen, geschwungenen Tischbeine, die bunten Blumenmalereien, die verschnörkelten Möbel, die vergoldeten Spiegelrahmen und so weiter. Oder an die Kleidermode: die vielen Bänder, Rüschen, Spitzen, Stickereien und was es sonst noch an modischem Schnickschnack gab. *Rokoko* hieß der neue Stil. Alles ein bißchen verspielt, zierlich, verschnörkelt...

H.: Dementsprechend waren auch die Umgangsformen in vornehmeren Kreisen. Was heute „small talk" ist, nannte man damals „Konversation". Das heißt, man plauderte über irgendwelche Nichtigkeiten – leicht, galant, witzig, augenzwinkernd. Dazu leichte und galante Musik...

B.: Eben! Und das war nichts für mich. Ich habe zwar auch gelegentlich leichte und galante Stücke komponiert; meine Badinerie, die heute fast jeder kennt, gehört zum Beispiel dazu; aber ich hatte nie den Ehrgeiz, ein Modekomponist zu sein.

M.: Was heißt Badinerie?

B.: Soviel wie Tändelei, galanter Scherz.

Hörbeispiel: Badinerie aus der Orchestersuite (Ouverture) Nr. 2 h-Moll, BWV 1067, letzter Satz (Siehe auch S. 12.)

Bachs Wiederentdeckung

M.: Herr Bach, es wurde schon gesagt: Als Sie diese Erde verlassen hatten, waren Sie ziemlich schnell vergessen. Heute sind Sie so berühmt, daß jedes Kind zumindest Ihren Namen kennt. Wann hatten Sie Ihr Comeback?

B.: Etwa 80 Jahre nach meinem Tod wurde meine Musik neu entdeckt. Von da ab ging's nur noch bergauf.

H.: Ich muß widersprechen. In Fachkreisen hatte man Sie schon viel früher wiederentdeckt. Als ich so um die 50 war, also etwa 30 Jahre nach Ihrem Tod – da gab es in Wien bereits eine kleine Gruppe von richtigen Bach-Fans. Dazu gehörten außer mir auch die jüngeren Kollegen Mozart und Beethoven. Wir haben damals alles abgeschrieben und studiert, was wir von Ihnen ergattern konnten. Und unter den später geborenen Komponisten dürfte wohl kaum einer sein, der Sie nicht als seinen größten Lehrmeister bezeichnen würde.

M.: Ein schönes Schlußwort, finde ich. Meine Herren, ich danke Ihnen und wünsche Ihrer Musik weiterhin viel Erfolg.

Rokoko-Tischchen

Rokoko-Spiegelrahmen

Rokoko-Uhr, mit Porzellanfiguren und -blüten umgeben

Buchstabenrätsel

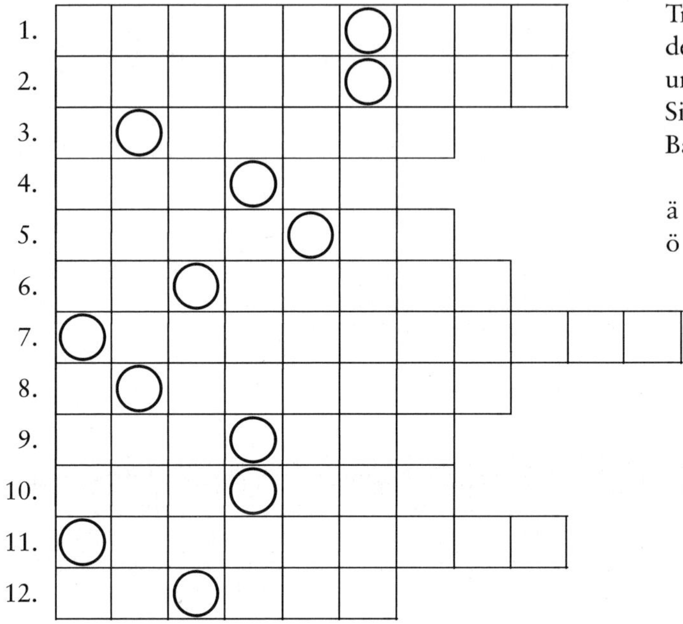

Trage die Buchstaben in den umkreisten Feldern unten in die Kästen ein. Sie ergeben ein Amt, das Bach 27 Jahre innehatte.

ä = ae
ö = oe

1. Zweiter Vorname Bachs (3)
2. Seinetwegen pilgerte Bach nach Lübeck (5)
3. So heißt das bekannteste Orgelwerk von Bach (6)
4. Hier saß Bach im Gefängnis (8)
5. Tasteninstrument zur Zeit Bachs, Vorläufer des Klaviers (10)
6. Geburtsort Bachs (3)
7. Gegenstimme oder Gegenmelodie (39)
8. Viele solcher Werke hat Bach für den Sonntagsgottesdienst komponiert (37)
9. Berühmtester Kollege Bachs, ausgewandert nach England (48)
10. Hier war Bach Hofkapellmeister, aber kein Organist (12)
11. Großes Chorwerk, dauert meistens mehrere Stunden (43)
12. So nennt man die Epoche, in der Bach gelebt hat (48)

Die eingeklammerten Zahlen geben die Seiten an, wo du das betreffende Wort finden kannst. Aber bitte nur zur Kontrolle nachsehen.

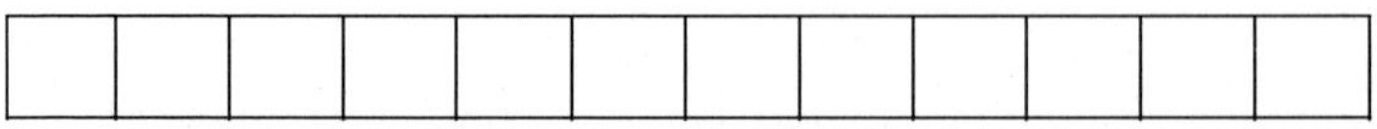

Antworten

S. 26
Die Reihenfolge der ausgelassenen Instrumente: Flöte – Violine – Oboe – Trompete.

S. 32
Eine mittlere Kirchenorgel hat etwa 2000 Pfeifen. Es gibt aber auch welche mit 15000 und mehr.

S. 38
Die Choralmelodie wird durch besonders lange Pausen unterbrochen nach folgenden Worten: Jerusalem / Jungfrauen / Alleluja. Außerdem kommen noch ein paar andere Abweichungen hinzu, z. B. Triller und andere Verzierungen sowie rhythmische Veränderungen.

S. 42

S. 44
Das letzte Zeilenpaar (C) erscheint nur einmal, und zwar genau in der Mitte des Satzes. Daher die stärkere Umrandung.
Was es mit der Bezeichnung „Musik-Architekt" auf sich hat, wird deutlich, wenn man sich die Kästchenreihe als Gebäudefront vorstellt.

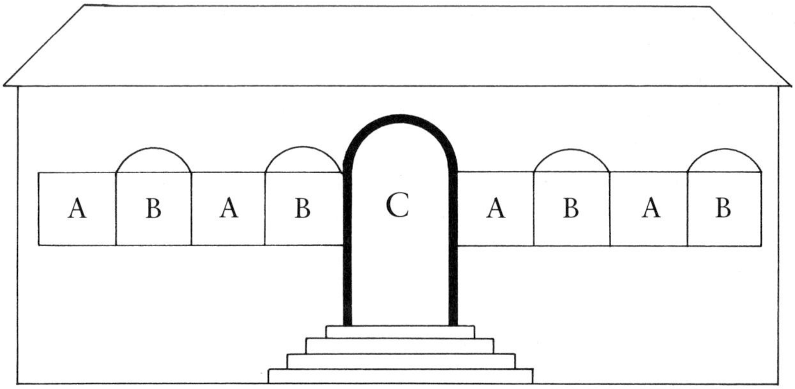

Aber warum ist die Form eines richtigen oder eines bildlich dargestellten Gebäudes soviel leichter zu erkennen als die Form eines Musik-Gebäudes? Ganz einfach: Mit den *Augen* können wir das Ganze auf eine Blick erfassen, das *Ohr* aber kann sich nur Schritt für Schritt an der „Wand" entlangtasten; es kann weder vor- noch zurückhören.

S. 45

Dafür gibt es mehrere Gründe. *Erstens* kommt es hier darauf an, daß der Hörer jedes Wort versteht. Der Text ist also wichtiger als die Musik (beim Eingangschor war es umgekehrt). *Zweitens* wäre es unlogisch, die Einzelperson des Evangelisten durch einen Chor darstellen zu lassen. *Drittens:* Der Text des Evangeliums ist heilig. Er darf nicht verändert werden, auch nicht durch Wortwiederholungen oder -umstellungen.

S. 46

Die Arie hat die Form A B A; das heißt, nachdem die vier Zeilen durchkomponiert sind, werden die ersten beiden nochmal wiederholt. In den Noten stehen am Ende des B-Teils die Buchstaben D.C. als Kürzel für Da Capo, zu deutsch: noch mal von vorn (bis zum Beginn des B-Teils). Dieser Formtyp, auch Ca-Capo-Form genannt, kommt in der Musik sehr häufig vor.

S. 47

Durch Pauken und Trompeten wollte Bach deutlich machen, daß hier eben nicht nur das „herzliebe Jesulein“ in der Krippe liegt, sondern der Herrscher der Welt, der „König aller Königreich“ – wie es in einem bekannten Kirchenlied heißt.
Zum Stimmungsverlauf dieser Weihnachtskantate:

I. Eingangschor: Überschwengliche Weihnachtsfreude.
II. Rückblende (2 Rezitative und eine Arie): Warten auf die Geburt des Herrn. Besinnliche Stimmung, Sehnsucht, bange Erwartung.
III. Schlußchor: Der Heiland ist geboren. Wieder die gleiche Weihnachtsfreude wie zu Anfang.

S. 49

Der Satz hat folgenden Aufbau:
Ⓕ– Gesang der Vögel –Ⓕ– Plätschernde Quellen –Ⓕ– Gewitter –Ⓕ– Gesang der Vögel –Ⓕ –Ⓕ.
Die „Frühlingsmelodie“ Ⓕ erklingt also insgesamt 6mal, aber immer etwas verändert oder verkürzt.

Zeittafel

1685	Johann Sebastian Bach am 21. März in *Eisenach* geboren.
1695–1700	Nach dem Tod der Eltern wohnt Sebastian bei seinem Bruder in *Ohrdruf*. Besuch des Gymnasiums.
1700–1703	Schüler und Chorsänger in *Lüneburg*.
1703–1707	Organist und Chorleiter in *Arnstadt*.
1707–1708	Organist in *Mühlhausen*. Heirat mit Maria Barbara.
1708–1717	Hofmusiker (seit 1714 Konzertmeister) und Hoforganist in *Weimar*.
1717–1723	Hofkapellmeister in *Köthen*.
1720	Plötzlicher Tod der Ehefrau Maria Barbara.
1721	Heirat mit Anna Magdalena.
1723–1750	Thomaskantor und Musikdirektor in *Leipzig*.
1750	Bach stirbt am 28. Juli in Leipzig.

987654321